Harald Lamprecht
Roland Biewald

Religiöse Sondergemeinschaften, Psychogruppen, Sekten

Themenhefte Religion

Herausgegeben von Roland Biewald

Heft 5

Harald Lamprecht
Roland Biewald

Religiöse Sondergemeinschaften, Psychogruppen, Sekten

EVANGELISCHE VERLAGSANSTALT
Leipzig

Umschlagabbildung: behnelux gestaltung, Halle/Saale

Die Deutsche Bibliothek – Bibliographische Informationen
Die Deutsche Bibliothek verzeichnet diese Publikation in der
Deutschen Nationalbibliographie; detaillierte bibliographische
Daten sind im Internet über <http://dnb.ddb.de> abrufbar.

© 2005 by Evangelische Verlagsanstalt GmbH, Leipzig
Printed in Germany · H 7015
Alle Rechte vorbehalten
Cover: behnelux gestaltung, Halle/Saale
Layout: Jochen Busch, Leipzig
Druck und Binden: Thomas-Druck, Leipzig

ISBN 3-374-02331-2
www.eva-leipzig.de

„Sekte" ist ein Reizwort, denn mit ihm verbindet sich ein negatives Image einer religiösen Gemeinschaft. Die historischen Wurzeln dafür liegen in einem Selbstverständnis der großen christlichen Kirchen, die abweichende Lehrmeinungen und Kirchenkritik nur zu oft als „Irrlehre" bezeichneten und die daraus resultierende Abtrennung kleinerer Gemeinschaften als Abkehr vom rechten Glauben interpretierten. Dieses Bild hat sich im Prozess einer zunehmenden Differenzierung innerhalb des Christentums und einer religiösen Pluralisierung der abendländischen Gesellschaften stark verändert. Zum einen sind aus manchen früheren „Sekten" anerkannte Freikirchen geworden. Zum anderen gehören „Sondergemeinschaften" – mehr oder weniger toleriert – zum Bild eines differenzierten Christentums. Und schließlich steht die Frage nach Sekten und religiösen Sondergemeinschaften gar nicht mehr vordergründig als innerchristliche Frage an, sondern sie betrifft in weit stärkerem Maße religiöse Gruppen und Gemeinschaften mit fernöstlichem Hintergrund oder solche, die ihre Lehren aus anderen weltanschaulichen, religiösen, psychologischen und politischen Motiven konstruieren. Die Vorstellung von dem, was eine „Sekte" ist, hat sich dahingehend verschoben, dass man damit eine Gruppierung meint, die in irgendeiner Weise „destruktiv" wirkt, sei es auf einzelne Menschen, auf ihre Anhänger oder über institutionelle Einflussmöglichkeiten auf eine ganze Gesellschaft. Dabei ist es nicht von Belang, ob sie sich einmal von einer großen christlichen Kirche abgespalten hat oder nicht.

Diese Situation macht es schwierig, den Begriff der Sekte oder religiösen Sondergemeinschaft exakt zu definieren. Stattdessen ist es wichtig, den Hintergrund und die Motive der Begriffsverwendung zu klären und die Charakteristika einzelner religiöser oder „sektenartiger" Gemeinschaften so herauszuarbeiten, dass fundierte Urteile schnelle Vorurteile ersetzen und dass aber auch destruktive Potentiale erkannt und sachlich begründet werden können. Das ist eine wichtige Bildungsaufgabe, zu der dieses Themenheft beitragen möchte.

In der Schule wird vor allem im Religionsunterricht Raum für eine vertiefte Auseinandersetzung mit der Frage nach Sekten und Sondergemeinschaften sein. Aber auch im Ethikunterricht und in anderen Fächern sowie in Beratungsgesprächen wird das Thema präsent sein. In der gemeindepädagogischen Bildungsarbeit wird die Herangehensweise an die Thematik nochmals anders profiliert werden. Hier hat auch die Apologetik des christlichen Glaubens, also seine argumentative Verteidigung im konfessionellen und ökumenischen Kontext, ihren Platz.

Das Themenheft bietet für alle diese Bildungsorte Material an, wobei es sich in erster Linie an den Bedürfnissen des schulischen Religionsunterrichts orientiert. In bewährter Weise werden Sachinformationen zu Begriffen, Klassifikationen und zu ausgewählten einzelnen religiösen Gemeinschaften geliefert, die exemplarisch für bestimmte Denkhintergründe stehen. Didaktische Überlegungen erfolgen in Form von Leitsätzen, die aus der besonderen Bildungsaufgabe hinsichtlich dieses Themas abgeleitet werden. Sie – wie auch die daran anknüpfenden thematischen Bausteine – sind nicht lehrplanbezogen für bestimmte Altersstufen erarbeitet, sondern eignen sich für den Unterricht ab Klasse 8, wobei theologisch vertiefende Teile für die gymnasiale Oberstufe gedacht sind. Diesen Bausteinen ist ein umfangreicher Materialteil zugeordnet, der selbstverständlich auch als Fundgrube und Anregung für eigene Entwürfe benutzt werden kann.

Die Verfasser möchten den Unterrichtenden in Schulen und Personen in der außerschulischen Bildungsarbeit praktikable Hilfen an die Hand geben, die zuverlässige Informationen mit schnell umsetzbaren Praxishilfen verbinden. Unser wichtigstes Anliegen ist es, Sach- und Beurteilungskompetenz sowie Dialogfähigkeit in Bezug auf religiöse Gemeinschaften zu fördern. Dazu soll das Themenheft beitragen.

Roland Biewald   Harald Lamprecht

1.1 Was ist eine „Sekte"?

VON RELIGIÖSEN SONDERGEMEINSCHAFTEN UND
KONFLIKTTRÄCHTIGEN GRUPPIERUNGEN

Hört man etwas von dem Wirken einer „Sekte", so stellt sich meistens schnell ein gewisses Unbehagen ein. In dem Begriff schwingt vieles mit: Abhängigkeit – Unterdrückung – Intoleranz – Autorität – Irrglaube – finanzielle und emotionale Ausbeutung – Behinderung eines Austritts usw. Das sind nur einige der meistgenannten Assoziationen, die Menschen zu dem Begriff „Sekte" einfallen. „Sekte" ist immer ein Kampfbegriff, mit dem etwas Negatives charakterisiert werden soll. Er dient dazu, eine Abweichung vom Wertekonsens der jeweiligen Gesellschaft, in der er verwendet wird, zu beschreiben. „Sekten" sind Gruppen, die sich in wichtigen Punkten von der gesellschaftlichen Mehrheit absondern und ihr eigenes, gruppeninternes Wertesystem errichten. Welche Punkte dies aber genau sind, das ist nicht nur von Gruppe zu Gruppe verschieden, sondern hat auch in den letzten Jahrzehnten einen tief greifenden Wandel erfahren. Dies führt dazu, dass heute der Begriff „Sekte" alles andere als eindeutig ist. Wichtig ist es in jedem Fall, zwei grundlegend verschiedene Bedeutungsinhalte zu unterscheiden: die theologische (historische) und die ethische (umgangssprachliche) Bedeutung.

a) der theologische Sektenbegriff

Traditionell wird der Begriff „Sekte" vorrangig verwendet, um die Abweichung von religiösen Normen und Glaubensvorstellungen in einer Gruppe zu benennen. In diesem Sinn gibt es Sekten in allen Religionen, weil es immer auch Menschen gibt, die in bestimmten Punkten etwas anderes glauben als ihre Umgebung. Wenn ihnen diese Punkte so wichtig sind, dass sie darüber die Trennung von ihrer bisherigen Gemeinschaft in Kauf nehmen, entsteht eine neue Gruppe, eine „Sekte".

Dabei gibt es oft eine Dynamik der wechselseitigen Anschuldigungen. Aus der Sicht der gesellschaftlichen Mehrheit hat die neue Gruppe die gemeinsame Wahrheit verlassen. Ihre Anhänger befinden sich in einem gefährlichen Irrtum und es erscheinen von daher viele Mittel gerechtfertigt, die weitere Ausbreitung dieses Irrtums zu bekämpfen. (In der Gegenwart ist es z.B. noch weitgehender gesellschaftlicher Konsens, dass satanistische Ideologien entschieden bekämpft werden müssen.) Dies hat in der Geschichte oft zu einer heftigen und nicht selten polemischen Auseinandersetzung mit den „Irrlehrern" geführt, die auch vor starken und unbewiesenen Anschuldigungen nicht zurückschreckte. Auch wenn die eigentlichen Differenzen auf dem theologischen Gebiet bestanden, wurden nicht selten ethische Vorwürfe erhoben (denn es kann ja nicht sein, dass jemand, der so falsch glaubt, dennoch ein anständiger Mensch ist). Insbesondere sexuelle Verfehlungen und Kindesmisshandlungen gehören darum zum klassischen Repertoire gängiger Sektenpolemik.

Auf der anderen Seite empfinden sich die Mitglieder der neuen Gruppe in der Regel gerade als die eigentlichen Zeugen der Wahrheit, welche sie in ihrer Ursprungsreligion so nicht mehr zu finden meinen. Sie fühlen sich zu Unrecht verfolgt und angegriffen und sehen in der Ablehnung durch die Gesellschaft eine Bestätigung ihrer besonderen Sendung. Die Auseinandersetzung bringt auch auf dieser Seite nicht selten eine Überzeichnung des Gegners hervor, der dann nur noch zur dunklen Folie einer finsteren Vergangenheit dient, über die man durch die neuen Erkenntnisse und Einsichten hinausgewachsen ist.

Sekten in diesem Sinn sind folglich immer Abspaltungen von anderen Glaubensgemeinschaften. Gelegentlich wird darum das Wort „Sekte" mit dem lateinischen „secare" (trennnen, abschneiden) erklärt. Sprachgeschichtlich richtiger ist die etymologische Herleitung von „sequi" (folgen, nachfolgen). Hier kann man immer die Frage nach der Ursprungsreligion stellen: Wovon haben sie sich getrennt? Streng genommen ist nach dieser Definition das Christentum insgesamt auch eine Sekte: nämlich eine Sekte des Judentums. Es ist aus dem Streit um die Anerkennung des Jesus von Nazareth als Messias entstanden und wurde in seiner Entstehungszeit als die jüdische „Sekte der Nazarener" angesehen. Gleiches gilt für weitere Konfessionsbildungen innerhalb der Christenheit im Laufe der Kirchengeschichte: Die Evangelische Kirche konnte in ihrer Entstehungszeit als die „Sekte der Lutheraner" bezeichnet werden, ebenso galten die meisten Freikirchen in ihrer Frühzeit als „Sekten". Diese Bezeichnungen sind heute nicht mehr üblich. Das hat verschiedene Gründe. Zum einen haben sich manche Gruppen geändert und frühere exklusive Positionen aufgegeben. Zum anderen ist in den Kirchen mit dem Entstehen der ökumenischen Bewegung das Bemühen um eine Einheit unter den verschiedenen Konfessionen gewachsen, die eine gewisse legitime innere Vielfalt einschließt. Insofern hat sich der Stil des Umgangs miteinander sehr verändert. Wichtig sind aber auch tief greifende gesellschaftliche Veränderungen. Insgesamt führt dies dazu, dass der Sektenbegriff in diesem traditionellen und theologisch bestimmten Gehalt immer seltener und auch von kirchlicher Seite mit größerer Zurückhaltung gebraucht wird.

b) der umgangssprachliche (ethische) Sektenbegriff

In der gegenwärtigen religiös pluralen Gesellschaft gibt es keine allgemein anerkannten religiösen Wahrheiten mehr. Der noch vorhandene Wertekonsens ist ausschließlich ethisch bestimmt. Begriffe wie „Freiheit", „Menschenwürde", „Toleranz" kennzeichnen diesen gesellschaftlichen Konsens. Das hat zur Folge, dass in der Umgangssprache das Wort „Sekte" nicht mehr religiös bestimmt ist. Es werden nun vorrangig solche Gruppen als „Sekte" bezeichnet, die gegen diesen ethischen Wertekonsens verstoßen, die also statt zu Freiheit in Abhängigkeit führen, die intolerant auftreten oder das Individuum einer starken Gemeinschaft unterordnen.[1] Das kann nun völlig andere Gruppen betreffen. So gibt es z. B. viele Anfragen zu bestimmten Vertriebsorganisationen (Multi-Level-Marketing), die in ihrer Mitarbeiterschulung Psychotechniken zur Motivation einsetzen und bei denen Angehörige deutliche Persönlichkeitsveränderungen feststellen. Einen religiösen Ursprung haben diese Gruppen nicht. Andererseits kann die umgangssprachliche Bezeichnung auch innerchristliche Gruppen treffen, die in ihrem intensiven Glaubensleben nicht mehr zum gesellschaftlichen Beliebigkeitspluralismus passen und darum manchen suspekt erscheinen, obwohl kaum Lehrdifferenzen zur Kirche bestehen. Die umgangssprachliche Bedeutung des Sektenbegriffes wird folglich verwendet, um eine besondere Konfliktneigung von Gruppen auszudrücken: dort gibt es (häufiger oder intensiver als „normal") Auseinandersetzungen mit der Umgebung.

---

[1] Vgl. Hansjörg Hemminger: Was ist eine Sekte, Mainz/Stuttgart 1995, S. 65.

c) Probleme

Was jeweils gemeint ist – von einer Mehrheitsmeinung abweichende theologische Lehren oder Konflikte mit der Gesellschaft – lässt sich dem Wort „Sekte" nicht ansehen. So schwingen immer mehr oder weniger stark beide Bedeutungen mit. Das ist ein sehr problematischer Zustand, denn dies führt leicht zu falschen Aussagen. Wenn man z. B. die Gemeinschaft der Siebenten-Tags-Adventisten aus historischen und theologischen Gründen als eine „Sekte" bezeichnen würde, weil sie sich von der evangelischen Kirche abgespalten hat, dann assoziieren doch viele mit dem Begriff zugleich unethisches Verhalten. Sie denken dann an Psychoterror, Abhängigkeit, Behinderung des Austritts und vielleicht an einen Guru, der das Geld scheffelt. Dies trifft aber auf die Adventisten im Allgemeinen nicht zu, die auf dem besten Wege sind, als Freikirche Anerkennung zu finden.

Auf der anderen Seite gibt es Gruppen, die auf Grund ihres ethischen Verhaltens als „Sekte" kritisiert werden, wie z. B. die Scientology-Organisation. In der öffentlichen Auseinandersetzung um Scientology spielen die angeblich religiösen Lehraussagen der Organisation fast keine Rolle. Es geht hier um die Strukturen, die finanzielle Ausbeutung der Mitglieder, den totalitären Herrschaftsanspruch und die Unterwanderungsversuche in Staat und Wirtschaft. Die scientologische Öffentlichkeitsarbeit macht sich aber sehr geschickt genau diese Doppeldeutigkeit des Sektenbegriffes zu Nutze und prangert alle kritische Auseinandersetzung mit der Organisation als Einschränkung der Religionsfreiheit an: in Deutschland werde die Glaubensfreiheit nicht geachtet und religiöse Minderheiten würden unterdrückt. Dabei geht es an dieser Stelle gar nicht um die Religion.

Die Enquete-Kommission des Deutschen Bundestages hat darum in ihrem Abschlussbericht empfohlen, auf den uneindeutigen Sektenbegriff insbesondere im staatlichen Bereich zu verzichten. Als Alternative bietet sich die Rede von Religiösen Sondergemeinschaften an, wenn man den religiösen Bereich meint. In Bezug auf den umgangssprachlichen (ethischen) Sektenbegriff spricht man besser von „konfliktträchtigen Gruppierungen".

d) Merkmale

Entscheidendes Unterscheidungskriterium zwischen Religiösen Sondergemeinschaften und Freikirchen ist die Ökumenefähigkeit der jeweiligen Gruppierung bzw. das Maß an Exklusivität, das innerhalb der eigenen religiösen Tradition für die eigene Lehre in Anspruch genommen wird. Wo die Meinung vertreten wird, dass nur innerhalb der eigenen Gruppierung Heil und Erlösung erlangt werden kann, handelt es sich um eine Religiöse Sondergemeinschaft. Dabei geht es nicht um die Wahrheitsansprüche der Weltreligionen zueinander, sondern um Alleinvertretungsansprüche innerhalb einer Religion. (Wenn z. B. ein Imam meint, nur in seiner Moschee gebe es den wahren Islam, bildet er eine islamische Religiöse Sondergemeinschaft). Im Übrigen ist die Nähe oder Ferne eines fremden Glaubens zum eigenen Glauben natürlich von dem abhängig, was man selbst glaubt. Leitfragen aus evangelisch-lutherischer Sicht, die zugleich Kernaussagen des evangelischen Glaubens beschreiben, sind z. B.:

- Steht Christus im Mittelpunkt der Verkündigung (oder eine andere Botschaft)?
- Ist die Bibel die alleinige Norm des Christlichen (oder gibt es neue Offenbarungen bzw. festgelegte verbindliche Auslegungen)?
- Wird der Mensch aus Gnade im Glauben gerechtfertigt (oder durch eigene Leistungen)?

Die letzte ist die schwierigste Frage, denn es gibt im christlich-fundamentalistischen Bereich auch Gruppen, die den Glauben selbst zu einem Werk und einer Forderung werden lassen, so dass die Gnade zu kurz kommt, obwohl sie rein verbal die Rechtfertigung aus Glauben vertreten.

Ergänzend wäre zu fragen, ob von der Gesamtheit der christlichen Botschaft ein Teilbereich so verabsolutiert wird, dass die Maßstäbe verschoben werden.

Für den Bereich der konfliktträchtigen Gruppierungen sind Merkmale zu nennen, wie sie im Endbericht der Enquete-Kommission des Deutschen Bundestages „Sogenannte Sekten und Psychogruppen" 1998 veröffentlicht wurden. Dazu gehören:

- im Blick auf die Innenstruktur:
  - totalitäre Machtverhältnisse (unhinterfragbare Autorität der Führung)
  - starker Personenkult um die Führung
  - Einschränkung der Rechte der Mitglieder (z. B. Umgehung von Arbeits- oder Sozialversicherungsrecht)
  - starke Milieukontrolle (interne Spitzeldienste/gegenseitige Überwachung)
  - Desinformation nach innen (z. B. religiöse Ziele als Vorwand für wirtschaftliche oder politische Aktivitäten)
- im Blick auf Lehrinhalte:
  - eine Ideologisierung, die nicht von gegenläufigen Erfahrungen korrigierbar ist
  - Immunisierung gegen Erfahrung und Kritik
  - absoluter Wahrheitsanspruch, der die Möglichkeit des Irrtums ausschließt
  - ein exklusiver Wahrheitsanspruch, der die Möglichkeit zu Wahrheitserkenntnis allein der eigenen Gruppe zugesteht
  - eine Simplifizierung der Realität bis zum Realitätsverlust (schwarz-weiß-Denken)

- eine für Gruppenmitglieder geltende besondere Moral, die zugleich die moralischen Normen im Umgang mit anderen Menschen aufhebt
- im Blick auf die Außenkontakte:
  - starkes Sendungsbewusstsein, das die Rechte anderer nicht anerkennt
  - Gruppenegoismus, der keine Verantwortung für die Umwelt übernimmt
  - Desinformation nach außen (Täuschung der Öffentlichkeit über Charakter und Inhalte und Ziele)
  - verdeckte Anwerbemethoden
  - Feindseligkeit gegenüber der Umwelt und der rechtsstaatlichen Ordnung
  - provozierte Konflikte mit der Außenwelt, um die Binnensolidarität zu fördern
- im Blick auf die soziale Situation:
  - Behinderung des Austritts durch
    a) wirtschaftliche Faktoren (Vermögen und Arbeitszeit wird in der Gruppe investiert und ist dann verloren),
    b) soziale Faktoren (Abbruch von Beziehungen und Ausbildungen führt zu sozialer Isolation und Abhängigkeit) oder
    c) ideelle Faktoren (Glaubensvorstellungen, die in einem krassen Gegensatz zur sozialen Umwelt stehen erzeugen Desorientierung bei einem Austritt)
  - gezielt herbeigeführte Entfremdung von der Familie und anderen sozialen Kontakten (Freunde, Arbeitskollegen), Ausbildungsabbruch, Berufswechsel
  - Versprechen von untauglichen Leistungen, die nach menschlichem Ermessen nicht oder nur für die Führungselite eintreten können, z. B. Reichtum (Wohlstandsevangelium, Strukturvertriebe), übermenschliche Fähigkeiten (Fliegen), Heilungen etc.

Diese Merkmale treten selten alle gleichzeitig auf. Ein einzelnes zutreffendes Merkmal bewirkt meist noch keine starke Konfliktträchtigkeit. Allerdings bedingen und verstärken sich eine Reihe dieser Punkte gegenseitig, so dass beim Zutreffen mehrerer Faktoren die Konfliktträchtigkeit der betreffenden Gruppierung dann schnell ansteigen kann. Es darf aber auch nicht übersehen werden, dass die Empfindung der Konfliktträchtigkeit entsprechend verschiedener Veranlagungen und Lebensentwürfe individuell sehr verschieden sein kann, wobei die Passung eine wichtige Rolle spielt: Solange das Angebot einer Gruppe zu der spezifischen Lebenssituation des Mitglieds passt, gibt es kaum Konflikte. Probleme entstehen, wenn z. B. die Lebenssituation sich ändert (neue Einsichten, neue Partner o. ä.) und die Gruppenrichtlinien zu eng sind, um darauf reagieren zu können.

1.2 Entwicklungen auf dem Markt der Weltanschauungen

Klein und intensiv statt gross und aggressiv

Die verbreiteten Vorstellungen über Wesen und Struktur von „Sekten" sind maßgeblich durch Gemeinschaften geprägt worden, die vor allem in den 70er und 80er Jahren des vorigen Jahrhunderts große missionarische Anstrengungen unternahmen und damit öffentliche Aufmerksamkeit erregten. Es wurden dabei die Gefährlichkeit bzw. das von einer Gruppierung ausgehende Bedrohungspotential für die Gesellschaft oft in Relation zu ihrer Größe und Verbreitung gesehen. Insofern erscheinen international agierende und durch ihre wirtschaftlichen Verflechtungen finanzstarke Gruppierungen als bedeutender und potentiell gefährlicher als solche, die lediglich lokale Verbreitung und geringe Mitgliederzahlen haben. So sind z. B. das Geschäftsgebaren der Scientology-Organisation und die undurchsichtigen Firmenbeteiligungen der Mun-Bewegung immer wieder Gegenstand öffentlicher Besorgnis und Kritik geworden.

Die meisten dieser Bewegungen existieren bis heute und haben nach wie vor zahlreiche Anhänger. Aus diesem Grund nehmen sie auch in diesem Heft großen Raum ein. Allerdings haben sich seit den 70er und 80er Jahren wichtige Akzentverschiebungen ergeben, die mit gesellschaftlichen Veränderungen zusammenhängen und dazu führen, dass das öffentliche „Sektenbild" reform- oder zumindest ergänzungsbedürftig geworden ist. Vergleichsweise wenig beachtet kam es zu einer Verschiebung des Problemschwerpunktes weg von den „klassischen" Großorganisationen hin zu einem Meer aus zahlreichen verschiedenen kleineren und allenfalls lose miteinander verbundenen Anbietern auf dem Esoterik- und Psychomarkt. Diese „Neuen Psycho-Sekten" (so die Titel-Story des Magazins „Stern" vom 17. 10. 2002) unterscheiden sich in einigen wesentlichen Punkten von der allgemeinen Sektenvorstellung und werden darum mitunter in ihrem konkreten Konfliktpotential unterschätzt. Zwei wichtige Unterschiede seien beispielhaft kurz benannt:

– Während zur klassischen Sektenvorstellung ein mit exklusivem Gültigkeitsanspruch vorgetragenes Weltdeutungskonzept gehört, gilt dies für die Esoterik-Szene gerade nicht. Deren Lehraussagen verstehen sich in der Regel nicht exklusiv, sondern kommen mit einem (nominell) begrenzten Wahrheitsanspruch daher: es gebe viele Wege zum Heil/zur Gesundung, dies hier sei lediglich einer von mehreren Möglichkeiten, die sich universell mit anderen Methoden und Glaubenssystemen kombinieren ließen.
– Damit einher geht wiederum eine zunächst größere

Offenheit der Strukturen. Es wird keine Mitgliedschaft in einer durchstrukturierten und international verbreiteten Organisation gefordert, sondern lediglich die unverbindliche Teilnahme an Seminarveranstaltungen oder Therapiesitzungen angeboten. Mit der Bezahlung der damit verbundenen Gebühren ist die Verpflichtung abgegolten. Weitere Ansprüche – etwa der Bindung an ein bestimmtes Bekenntnis – bestehen zunächst nicht.

Diese Veränderungen bewirken, dass der klassische Sektenbegriff nicht zur Beschreibung der problematischen Aspekte des Psychomarktes taugt. Die größere Offenheit führt dazu, dass die Konsumenten derartiger Angebote sich keineswegs in einer sektiererischen Gruppe oder Abhängigkeit fühlen, sondern als selbstbestimmte und freie Menschen gewerbliche Lebensbewältigungshilfe in Anspruch nehmen.

Allerdings gelten die beiden genannten Punkte nur scheinbar. Was die begrenzten Wahrheitsansprüche angeht, so handelt es sich vor allem um einen Verzicht auf die Konsequenzen des eigenen Denkens. Von den Anbietern werden die jeweiligen Auffassungen in der Regel durchaus mit dem Anspruch universaler Gültigkeit vorgetragen, oft noch (pseudo)wissenschaftlich untermauert, so dass sie nicht als religiöse Überzeugung, sondern erwiesene Tatsache präsentiert werden. Zum Beispiel gilt die Meinung, dass der Mensch eine feinstoffliche farbige Aura habe, die sein Inneres widerspiegelt, in Esoterikkreisen nicht als ein Glaubensgegenstand, sondern als quasi naturwissenschaftlich bewiesener Fakt. Wer dies nicht glaubt, ist ein Ignorant oder eben noch nicht zur Erkenntnis dieses besonderen Wissens vorgedrungen. Dass sich diese gelehrten Überzeugungen in jedes andere System universell einfügen ließen, wie man es nicht selten hören kann, ist lediglich eine dem starken Harmoniebedürfnis entsprungene und weithin unzutreffende Behauptung. Faktisch hat jede Überzeugung auch ihre Grenzen und stößt damit auf Dinge, die sich mit ihr nicht vereinbaren lassen. Die hier geübte Herangehensweise führt oft auch zu einer weltanschaulichen Vereinnahmung, die nicht auf den ersten Blick zu erkennen ist. So kann es Patienten geben, die eigentlich nur ihre Rückenschmerzen behandeln lassen wollen, doch plötzlich sollen sie dafür in Reiki „eingeweiht" werden oder die Schmerzen werden mit einer karmischen Belastung aus früheren Leben erklärt.

Die auf den ersten Blick größere formale Offenheit wird nicht selten durch eine viel intensivere Bindung auf der persönlichen Ebene kompensiert. Es ist ein Trugschluss zu meinen, mit der Bezahlung sei die Verbindlichkeit erledigt. Anbieter von Lebensbewältigungshilfe werden als Ratgeber in intimen persönlichen Problemsituationen in Anspruch genommen. Sie sind für ihre Klienten Vertrauenspersonen denen eine große Offenheit entgegengebracht wird. Die esoterisch-ganzheitliche Behandlung der Magenschmerzen bezieht eben die Ehekrise und den Aszendenten mit ein. Das Seminarwochenende zur Ermittlung der persönlichen Lebensziele erfordert eine Auskunft über ganz persönliche Erlebnisse, Hoffnungen und Ängste. Dies schafft Bindung und Abhängigkeit – ob man es wahr haben will oder nicht. Um so mehr ist hier das Verantwortungsbewusstsein der Therapeuten gefordert, solche Abhängigkeitssituationen nicht künstlich zu verstärken und für eigene Zwecke (emotional, finanziell, sexuell) auszunutzen. Solches ist aber oft nur mangelhaft ausgeprägt. Wo es möglich ist, dass nach drei Seminarteilnahmen z. B. im Familienstellen nach Bert Hellinger begeisterte Teilnehmer kurzerhand selbst als Therapeuten auftreten, wo es genügt, sich in besonderer Weise als vom göttlichen oder kosmischen Geist durchströmt zu fühlen, um Handauflegen und Lebensberatung gewerblich anzubieten, dort muss man sich nicht wundern, wenn es immer wieder zu Fällen von Ausbeutung und forcierter Abhängigkeit kommt.

Ein zentrales Problem hierbei besteht darin, dass auf diesem Sektor durchaus ehrliche und verantwortungsbewusste oder hochproblematische Anbieter äußerlich nur schwer unterscheidbar nebeneinander stehen. Zu unterscheiden ist auch zwischen der Fragwürdigkeit einer angebotenen Methode und der Seriosität des Anbieters selbst. Auch wissenschaftlich nicht anerkannte Methoden können unter bestimmten Umständen bei einem verantwortungsbewussten Therapeuten, der seine Grenzen kennt, durchaus hilfreich wirken. Andererseits können auch wissenschaftlich fundierte Methoden bei unsachgemäßer Anwendung durch mangelhaft ausgebildete Therapeuten oder skrupellose Geschäftemacher schwere Schäden anrichten. Als Grundproblem bleibt aber, dass in ihrer Wirksamkeit nicht nachgewiesene Methoden und esoterische Verfahren durch ihre Unüberprüfbarkeit der Möglichkeit zur Manipulation und Ausbeutung weite Tore öffnen.

Von besonderer Schwierigkeit ist die Gewinnung zuverlässiger Informationen. In dieser Beziehung war es „früher" leichter. Einige bedeutende weltweit agierende „Sekten" kann man erforschen, ihre Namen, Zeichen, Glaubensüberzeugungen, Methoden und Erkennungsmerkmale durch Informationsveranstaltungen und mit Artikeln in Handbüchern und Lexika oder Beschreibungen wie in diesem Heft bekannt machen. Den diffusen Versprechungen unzähliger moderner Therapeuten auf dem Esoterik- und Psychomarkt kann man nicht in gleicher Weise konkrete begleitende Informationen zur Seite stellen. Es bleibt – allein auf Grund der Fülle und oft regionalen Begrenzung der Anbieter – ein deutlich größerer Anteil der Forschung und Beurteilung für den einzelnen Betroffenen zu leisten. Die Literatur kann lediglich allgemeine Kriterien zu benennen versuchen.

Deren jeweilige Anwendung auf den konkreten Einzelfall, die Prüfung eines Therapeuten und seines Angebotes, können eigentlich nur die Betroffenen selbst vornehmen – einfach weil andere gar nicht die genaue Kenntnis von dem konkreten Vorgehen der jeweiligen Person haben können. Diese sind aber wiederum oft am wenigsten dazu in der Lage, da sie auf Grund ihrer persönlichen Einbindung in das Betreuungsverhältnis nicht ausreichend Distanz zu einer sachlichen Beurteilung finden können. Diese Misere lässt sich nur schwer auflösen und führt dazu, dass nur ein Bruchteil der problematischen Fälle öffentlich bekannt werden und zu einem angemessenen Problembewusstsein beitragen können. Solches ist aber angesichts der zunehmenden gesellschaftlichen Verbreitung esoterischer Vorstellungen und Angebote dringend nötig.

Nachschlagewerke zu Religiösen Sondergemeinschaften:
Georg Schmid, Georg Otto Schmid: Kirchen, Sekten, Religionen. Religiöse Gemeinschaften, weltanschauliche Gruppierungen und Psycho-Organisationen im deutschen Sprachraum, Zürich 2003
Handbuch Religiöse Gemeinschaften und Weltanschauungen, 5. Aufl., Gütersloh 2000
Lexikon neureligiöser Gruppen, Szenen und Weltanschauungen. Orientierung im religiösen Pluralismus, hrsg. von Harald Baer u. a., Freiburg i. Br. 2005
Panorama der neuen Religiosität. Sinnsuche und Heilsversprechen zu Beginn des 21. Jahrhunderts. hrsg. von Reinhard Hempelmann im Auftrag der Evangelischen Zentralstelle für Weltanschauungsfragen, Gütersloh 2001

In den nachfolgenden Einzeldarstellungen werden exemplarisch einzelne Religiöse Sondergemeinschaften und Psychogruppen kurz in Geschichte, Lehre und Leben vorgestellt. Um die Übersichtlichkeit zu verbessern wurde jeweils versucht, inhaltlich verwandte Strömungen in Gruppen zusammenzufassen. Zu jeder Gruppe könnten noch weitere Gemeinschaften genannt werden, die hier aber keine Aufnahme finden konnten. Kriterien der Auswahl waren vor allem

- die aktuelle Bedeutung der Gruppierung,
- ihre Beispielhaftigkeit für bestimmte Überzeugungen oder Problemlagen.

Die Konfliktträchtigkeit der hier behandelten Gruppen ist verschieden ausgeprägt und wird jeweils bei der Darstellung der Gemeinschaften kurz erläutert.

2.1 Gemeinschaften mit christlichem Hintergrund

Die Gemeinschaften dieses Abschnittes sind dadurch verbunden, dass sie durch christliche Anschauungen geprägt und beeinflusst sind, sie aber durch bestimmte Lehrauffassungen und meist ein exklusives Selbstverständnis von der ökumenischen Gemeinschaft der Christen getrennt sind.

Die Aufnahme in diese Kategorie impliziert keine Anerkennung der Gemeinschaft als christliche Kirche (was insbesondere bei den Mormonen umstritten ist). Wohl aber drückt sie aus, dass zum Verständnis der Inhalte und Anliegen dieser Gemeinschaften eine Kenntnis des Christentums unverzichtbar ist.

NEUAPOSTOLISCHE KIRCHE

a) Geschichte

Die Neuapostolische Kirche (NAK) hat ihren Ursprung in den katholisch-apostolischen Gemeinden. Diese waren um 1830 aus einer Erweckungsbewegung in England hervorgegangen, bei der aus prophetischen Impulsen 12 neue Apostel berufen wurden. Damit verbunden war die Überzeugung, dass Jesus Christus noch zu Lebzeiten dieser Apostel wiederkommen würde. Als nach dem Tod der ersten dieser Apostel die Parusie ausblieb, entschieden sich die verbliebenen Apostel, keine neuen Apostel nachzuwählen, sondern ihren Irrtum einzugestehen – ein kirchengeschichtlich höchst bemerkenswerter Vorgang! Allerdings gab es gegen diese Entscheidung der katholisch-apostolischen Apostel auch Widerstand und der Prophet Heinrich Geyer (1818–1896) berief (zunächst heimlich) neue Apostel. Aus Nachfahren dieser neuen Apostelberufungen ist – nach weiteren Wirren und Spaltungen – die Neuapostolische Kirche entstanden. Zentrales Merkmal ist dabei die Herausbildung des Stammapostelamtes unter Fritz Krebs (1832–1905), das die bisherige Gleichheit der Apostel beendete und ein streng hierarchisches Prinzip einführte. Nachfolger von Krebs wurde Hermann Niehaus, der die weltweite Ausbreitung der NAK förderte. In eine schwere Krise stürzte Stammapostel Johann Gottfried Bischoff (1871–1960, Stammapostel ab 1930) die Gemeinschaft mit seiner ab 1951 verkündeten „Botschaft", er werde die Wiederkunft Christi persönlich erleben, zumal er alle rigoros ausschloss, die diese Botschaft nicht zu akzeptieren bereit waren. In der Zeit des Nationalsozialismus kooperierte die NAK sehr eng mit dem NS-Regime, weshalb sie auch nicht verboten wurde. Diese Geschichte ist seitens der NAK bis heute nicht ausreichend aufgearbeitet. Von 1988 bis 2005 war Richard Fehr Stammapostel der NAK (Sitz in Zürich). Es gibt deutliche Tendenzen innerhalb der Neuapostolischen Kirche, die auch von Stammapostel Fehr vorsichtig gefördert wurden, die sich für eine ökumenische Öffnung der NAK einsetzen. Ob diese zu einer größeren Annäherung und zur Aufgabe des neuapostolischen Exklusivanspruches führen können, ist noch offen.

b) Organisation und Verbreitung

Die Neuapostolische Kirche ist streng hierarchisch aufgebaut. Der Stammapostel an der Spitze ist die höchste Autorität. Er gilt als der vollmächtige Verkünder des Gotteswillens. Weitere Ämter sind Bezirksapostel, Apostel, Bischof, Bezirksältester, Bezirksevangelist, Gemeindeältester, Hirte, Gemeindeevangelist, Priester, Diakon und Unterdiakon. Der Stammapostel beruft die Apostel, die mit den Bischöfen die einzigen hauptamtlichen Mitarbeiter der NAK bilden. Alle weiteren Ämter sind in der Regel Ehrenämter. Frauen haben keinen Zugang zu diesen Ämtern, auch gibt es keine besondere Ausbildung dafür.

In Deutschland zählt die NAK mit ca. 380 000 Mitgliedern zu den zahlenmäßig stärksten Religionsgemeinschaften. Damit hat sie mehr Mitglieder als alle evangelischen Freikirchen zusammen! Weltweit hat die NAK ein starkes Wachstum vor allem in Afrika, Asien und Osteuropa – vorwiegend auf Kosten der traditionellen Kirchen – aufzuweisen. In Deutschland sind die Mitgliederzahlen aber leicht rückläufig.

c) Lehrbesonderheiten

Die Neuapostolische Kirche pflegt ein exklusives Selbstverständnis. Sie betrachtet sich als „die wieder aufgerichtete Kirche Christi nach dem Vorbild des ersten Christentums"[2] und die endzeitliche Schlusskirche Gottes. Sie sei die Braut Christi und Garant des Heils. Als Kernstück gilt dabei das erneuerte Apostelamt. Die Bedeutung des Apostelamtes wird im 5. Glaubensartikel der NAK so beschrieben: „Ich glaube, daß sämtliche Ämter in der Kirche Christi nur von Aposteln erwählt und in ihr Amt eingesetzt werden und daß aus dem Apostelamt Christi sämtliche Gaben und Kräfte hervorgehen müssen, auf daß, mit ihnen ausgerüstet, die Gemeinde ein lesbarer Brief Christi werde."

Die Gegenwart der Apostel garantiert den Mitgliedern das Heil.

Zusätzlich zu Taufe und Abendmahl gibt es in der NAK das Sakrament der Versiegelung. Es wird als Spendung des Heiligen Geistes verstanden und wird ausschließlich von Aposteln verwaltet. Die Gabe des Heiligen Geistes ist damit an das Wirken der Apostel geknüpft. Erst die Versiegelung lasse die Gläubigen zu einem Kind Gottes mit dem Anrecht auf das Erbe Christi werden. Das hat die Konsequenz, dass andere Kirchen aus Sicht der NAK keine voll gültigen Kirchen Jesu Christi sind und keinen Heiligen Geist haben, weil ihnen das Apostelamt fehlt. Rettung gibt es folglich nur innerhalb der NAK.

Diese Gewissheit führt zu einem Exklusivdenken, das nicht wie bei den Zeugen Jehovas an fremden Haustüren verkündet, sondern eher nach innen gekehrt zur Selbstvergewisserung verwendet wird.

d) Beurteilung aus christlicher Sicht

Ihre Attraktivität bezieht die NAK daraus, dass sie in besonders starkem Maß Geborgenheit vermittelt. Das Bild von der heilen, geretteten Familie, die über ihren Stammapostel als Familienoberhaupt mit dem Himm-lischen Vater verbunden ist, prägt die neuapostolische Erwählungsvorstellung. Mag auch ringsum die Welt vom Zeitgeist hin- und hergetrieben werden – die NAK steht wie ein Fels in der Brandung.

Dieses Bild lässt sich allerdings nur aufrechterhalten, wenn man keine internen kritischen Diskussionen zulässt. Die Geborgenheit wird mit der Bereitschaft erkauft, das Wort der Amtsträger unhinterfragt zu akzeptieren. Dem wird intern mit unterschwelligem Druck stets nachgeholfen. Kritiker aus den Reihen der NAK haben zum Teil sehr heftig diese Methoden angeprangert, die aus der „frohen Botschaft des Evangeliums subtil ein System der Angst" gezimmert haben.[3]

In der NAK ist das Heil an die Organisation gebunden. Die Behauptung, dass das erneuerte Apostelamt für die Existenz der wahren Kirche notwendig sei, wirft freilich grundlegende Fragen auf. Warum ist das Apostelamt überhaupt erloschen, wenn es von so grundlegender Bedeutung sein soll? Warum soll Gott seine Kirche 1700 Jahre ohne dieses entscheidende Amt gelassen haben? Warum haben sich die katholisch-apostolischen Apostel gegen Neuberufungen entschieden? Die Geschichte der Entstehung der NAK mit ihren Wirren und Streitigkeiten ist nicht dazu angetan, in ihr das reine Wirken des Heiligen Geistes zu sehen.

ZEUGEN JEHOVAS

a) Geschichte

Die Zeugen Jehovas verdanken ihre Entstehung der religiösen Suche eines jungen Mannes mit Namen Charles Taze Russell (1852–1916). Mit 18 Jahren kam er in Kontakt zu einer adventistischen Splittergruppe, die aus der Miller-Bewegung hervorgegangen war. William Miller (1782–1849) war der Meinung, den Termin für die Wiederkunft Christi aus der Bibel berechnet zu haben und sammelte eine wachsende Schar von Anhängern. Als der berechnete Termin 1844 ereignislos verstrich, war die Enttäuschung bei vielen groß. Manche begannen Neuberechnungen, in denen das Jahr 1874 eine Rolle spielte. Russell rettete diesen Termin durch eine Änderung der Deutung: er sei nicht der Beginn der Parusie, sondern der Beginn einer 40-jährigen Ernte- und Gerichtszeit, an deren Ende im Jahr 1914 der Anbruch des himmlischen Friedensreiches stehen würde. Das nicht unbeträchtliche Vermögen seiner Eltern investierte Russell in die Mission und Werbung für seine Überzeugung. Vielerorts entstanden Kreise „Ernster Bibelforscher", die Russells Ideen in Bibelstudien und Hauskreisen verbreiteten. Russell starb kurz nach der Enttäuschung über das Ausbleiben seiner Berechnungen im Jahr 1916. Derjenige, der in dieser Situation die Krise

---

[2] Fragen und Antworten, 166.

[3] Siegfried Dannwolf: Gottes verlorene Kinder, Gütersloh 1996, S. 9.

zu meistern wusste und den Zeugen Jehovas ihre bis heute eigentümliche Prägung verliehen hat, war Joseph Franklin Rutherford. Er organisierte die früheren lockeren Bibelstudienvereine in eine straff zentralistisch geführte Gemeinschaft um. Dazu trat eine schroffe Abgrenzung zur Gesellschaft und zu den anderen Kirchen. Viele der als besonders konfliktträchtig erlebten Eigenheiten der Zeugen Jehovas gehen auf diese Initiativen Rutherfords zurück. Unter den späteren Führern vollzog sich die weltweite Ausbreitung der Gemeinschaft.

b) Organisation und Verbreitung

Die Gemeinschaft der Zeugen Jehovas ist straff zentralistisch organisiert. An der Spitze steht die Leitende Körperschaft mit Sitz in den USA. Von dort wird die weltweite Arbeit koordiniert. Auf Länderebene ist die Arbeit in Zweigbüros, Bezirke, Kreise und Versammlungen unterteilt. Die örtlichen Versammlungsräume werden „Königreichssaal" genannt – passend zum Kernthema ihrer Verkündigung. Jede Versammlung wird von der Ältestenschaft geleitet, zu welcher der Sekretär, der Aufseher und Dienstamtsgehilfen gehören. Nicht nur über die Mitglieder, sondern auch über deren Aktivitäten wird genau Buch geführt. In Deutschland sind die Mitgliederzahlen leicht rückläufig und liegen bei ca. 163 000. Weltweit gehörten 2004 nach eigenen Angaben 6,3 Mill. Menschen zu den Zeugen Jehovas [4].

c) Lehrbesonderheiten

Die Zeugen Jehovas sind eine biblizistische Gemeinschaft. Der Bezug auf die Bibel spielt in allen ihren Begründungen eine tragende Rolle. Dazu gehört, dass sie meinen, Gott habe seinen Plan mit der Welt (und ihrem Ende) in der Bibel in allen Details aufgezeichnet. Darüber hinaus erwarten Zeugen Jehovas in der Bibel auch alle modernen Daseins- und Lebensfragen mit letztverbindlicher Autorität geregelt zu finden. Kindererziehung, Armut und Krieg, Politik und Familienleben – für jedes Problem habe die Bibel die passende Antwort. Diese erschließt sich aber nicht immer beim unmittelbaren Lesen. Zum rechten Verständnis bedarf es der richtigen Auslegung. Diese wird zentral für alle Zeugen Jehovas von der „Leitenden Körperschaft", dem „Kanal Jehovas" vorgenommen. Dieses Gremium ist letztlich für die Aufrechterhaltung der Lehrbesonderheiten verantwortlich.

Die wichtigsten Lehrbesonderheiten sind:

- Jehova: Der Name Gottes sei Jehova und er müsse mit diesem Namen angeredet werden. Der Gebrauch dieses (veralteten – neuere Forschungen haben ergeben, dass diese Form ein Lesefehler ist) Gottesnamens wird so zum Unterscheidungsmerkmal von allen anderen Christen. Jesus gilt als deutlich unter Gott stehend. Die Trinitätslehre wird abgelehnt.
- Jehovas Königreich: Für Zeugen Jehovas gilt als wichtigste Botschaft der Bibel nicht Kreuzigung und Auferstehung Jesu, sondern die in Kürze bevorstehende Errichtung von Gottes Königreich auf einer paradiesisch erneuerten Erde.
- Harmagedon: In dieses Reich kommen aber nur Gottes treue Diener, die im Wesentlichen mit den Zeugen Jehovas gleichgesetzt werden. Alle übrigen Reiche, Institutionen, Kirchen, Regierungen werden als gottfeindliche Mächte von Gott in der Schlacht von Harmagedon vernichtet werden. Sicheres Überleben im nahen Gericht Gottes gibt es demnach nur für Zeugen Jehovas.
- 144 000: Die biblische Erlösungsvorstellung wird bei den Zeugen Jehovas gespalten: nur 144 000 besonders treue Zeugen aus allen Zeiten, die so genannten „Geistgesalbten" werden dann mit Gott und Jesus leben und über die erneuerte Erde herrschen. Die Zahl 144 000 stammt aus Offb. 7,4 und 14,1. Sie steht dort aber als maximale Steigerung der symbolischen Vollzahl (12 x 12 x 1 000) gerade für die Universalität des göttlichen Heils und nicht für seine Beschränkung auf eine kleine Gruppe.
- Weihnachten, Ostern, Geburtstage, Wahlen ...: Das Leben eines Zeugen Jehovas ist vom Rückzug aus der Gesellschaft geprägt. Die Bräuche und Feste (Weihnachten, Ostern, Geburtstage) werden als heidnisch bezeichnet und dürfen darum von Zeugen Jehovas nicht begangen werden. Auch der Politik halten sich Zeugen Jehovas üblicherweise fern. Bis zur Lockerung dieser Vorschrift im Rahmen des Körperschaftsprozesses war ihnen auch die Teilnahme an Wahlen verboten.
- Bluttransfusionen: Das alttestamentlich-jüdische Verbot des Blutgenusses haben die Zeugen Jehovas übernommen und auch auf Bluttransfusionen ausgeweitet. Das stürzt behandlungsbedürftige Zeugen ebenso wie Ärzte und medizinisches Personal regelmäßig in große Entscheidungsnöte, wenn die Regeln der Organisation gegen das Recht auf Leben stehen. Die Entscheidung, aus Treue gegenüber der Organisation (= zu Gott aus Zeugen-Jehovas-Perspektive) auf eine möglicherweise lebensrettende Transfusion zu verzichten, ist wohl die schwerste Glaubensprüfung.

d) Beurteilung aus christlicher Sicht

Die Zeugen Jehovas ziehen immer wieder Menschen in ihren Bann, die mit dem modernen Pluralismus der Möglichkeiten ihre Probleme haben. Hier finden sie eine Gemeinschaft, die ihnen die Last der täglichen Ent-

---

4 Der Wachtturm, 1.2.2005, 22.

scheidung zwischen richtig und falsch, gut und böse weitgehend abnimmt und dies auch noch mit dem Willen Gottes begründet. Das gibt Sicherheit in einer unsicheren Welt und ist offenbar für manche Menschen attraktiv.

Der Preis dafür ist nicht nur ein weitgehender Verlust individueller Freiheit und die Einhaltung einer Reihe von einengenden Vorschriften, sondern auch ein sehr verzerrtes Gottesbild. Jehova ist für einen Zeugen Jehovas in erster Linie der strafende, richtende Gott, der nicht nur seine Feinde, sondern auch seine Anhänger zur Rechenschaft zieht, wenn sie in ihrem Eifer einmal nachlassen sollten oder sich Verfehlungen zu Schulde kommen lassen. Die Gefahr dafür ist groß: überall lauert die Verführung zum Abfall durch die böse Welt unter der Herrschaft Satans. So ist ein Zeuge Jehovas ständig auf der Flucht vor der teuflischen Versuchung. Die Liebe und Vergebungsbereitschaft Christi wird ihm von seiner Gemeinschaft verheimlicht. Somit erweisen sich die Zeugen Jehovas als eine vergleichsweise stark konfliktträchtige Gemeinschaft. Solange eine Änderung der rechtlichen Verfasstheit der Zeugen Jehovas als Körperschaft des öffentlichen Rechts nicht zu einer Aufgabe ihrer selbstgewählten gesellschaftlichen und theologischen Isolation führt, wird sich an dieser Einschätzung nichts ändern können.

Kirche Jesu Christi der Heiligen der Letzten Tage (Mormonen)

a) Geschichte

Begründer des Mormonentums war der amerikanische Farmerssohn Joseph Smith (1805–1844). Seine Mutter und einige Geschwister gehörten zur Presbyterianischen Kirche, während der Vater mit dem ältesten Sohn zur methodistischen Kirche ging. Auseinandersetzungen über Glaubensfragen dürften wohl auch am Familientisch stattgefunden haben. So ist es verständlich, dass der 14-jährige Joseph nach seiner Glaubensheimat suchte. Es wird berichtet, dass ihm in einer Vision Gott selbst mit Jesus Christus erschienen sei. Auf die Frage hin, welche von den Kirchen die richtige sei, der er sich anschließen sollte, habe er die Antwort bekommen: keine, denn alle seien im Irrtum, und ihm, Joseph Smith, werde erst die Fülle des Evangeliums offenbart werden. Visionen begleiteten weiter seinen Lebensweg. Jahre später soll ihm der Engel Moroni ein Versteck mit goldenen Platten gezeigt haben, auf denen seltsame Schriftzeichen waren. Smith „übersetzte" in einem visionären Vorgang mit Hilfe einer Prophetenbrille diese Platten, woraus das Buch Mormon entstanden sei.

Am 6. April 1830 wurde mit zunächst nur sechs Mitgliedern die Kirche Jesu Christi gemäß den Offenbarungen Smith' „wiederhergestellt". Die „Mormonen", wie die Gemeinschaft nach ihrem neuen heiligen Buch genannt wird, bildeten eigene Siedlungen und mussten sich häufig gegen Übergriffe und Verfolgungen zur Wehr setzen. Seit 1841 propagierte Joseph Smith – zunächst heimlich – die Polygamie. Er selbst soll in den letzten drei Jahren seines Lebens 27 Frauen genommen haben. Nach einem kritischen Zeitungsbericht kam es 1844 zum offenen Streit, infolgedessen Joseph Smith von wütenden Bürgern im Gefängnis erschossen wurde. Als Nachfolger von Smith führte Brigham Young die Mormonen in einem gewaltigen Treck zum großen Salzsee, wo sie bis heute im US-Bundesstaat Utah ihr Siedlungsgebiet und mit Salt Lake City ihre Hauptstadt haben. Die von Brigham Young geführten Mormonen bilden als Kirche Jesu Christi der Heiligen der Letzten Tage (HLT) die größte mormonische Gemeinschaft. Nach dem gewaltsamen Tod von Joseph Smith entstanden noch weitere mormonische Gruppen, die sich auf Smith' Offenbarungen berufen und z. T. bis heute existieren. In Deutschland ist von diesen nur die „Gemeinschaft Christi" (Community of Christ, früher: Reorganisierte Kirche Jesu Christi der Heiligen der Letzten Tage) aktiv.

b) Organisation und Verbreitung

Das Mormonentum ist eine amerikanische Religion. Sehr vieles in ihm ist auf amerikanische Verhältnisse ausgerichtet. Geleitet wird die Kirche Jesu Christi der Heiligen der Letzten Tage von der „Ersten Präsidentschaft" und dem „Rat der Zwölf". Sämtliche Ämter in den Ortsgemeinden werden von Laien wahrgenommen. Frauen sind vom Priesteramt ausgeschlossen. Es gibt zwei Arten des Priestertums: das „Aaronitische Priestertum" kann ab dem 12. Lebensjahr empfangen werden und berechtigt zur Übernahme der Ämter des Diakons, Lehrers und Priesters. Darüber steht das „Melchizedeksche Priestertum", das zur Vornahme heiliger Handlungen im Gottesdienst berechtigt.

In Deutschland sind die Mitgliederzahlen rückläufig und liegen derzeit bei ca. 36 000. Weltweit weisen die Mormonen jedoch ein deutliches Wachstum auf und haben derzeit über 12 Mill. Mitglieder.

c) Lehrbesonderheiten

Eine Schwierigkeit in der Beurteilung der Lehre der Heiligen der Letzten Tage (HLT) besteht darin, dass trotz verschiedener Glaubensinhalte dafür oft die gleichen Begriffe gebraucht werden wie im ökumenischen Christentum. Dies erweckt leicht den falschen Eindruck einer Nähe bzw. Übereinstimmung, die sachlich nicht gegeben ist. So sprechen HLT-Mormonen auch von Gott Vater, Sohn und Heiligem Geist, meinen damit aber nicht die christliche Trinität, sondern verbinden damit ein ganz anderes Gottesbild und einen versteckten Polytheismus. Das mormonische Denken ist stark von der Vorstellung einer stetigen Entwicklung geprägt: Gott sei früher einmal Mensch gewesen und habe sich selbst erst zum Gott entwickelt. So habe er auch einen Körper aus Fleisch und Blut und wohne auf einem fernen Planeten. Ebenso sollen sich auch die Angehörigen der HLT-Kirche zu göttlicher Vollkommenheit weiterentwickeln können, wenn sie alle Verordnungen dieser Kirche einhalten und ihre Pflichten erfüllen. Diese besonderen Rituale und Verordnungen sind der eigentliche Zweck der mormonischen Tempel. Die Tempel sind keine großen Versammlungshäuser zum Gottesdienst, sondern in viele einzelne kleine Zimmer unterteilt, in denen verschiedene Rituale in kleinen Gruppen abgehalten werden, die z. T. freimaurerischen Ritualen entlehnt sind. Diese Tempelrituale werden streng geheim gehalten. Ein geweihter Tempel darf auch nur von aktiven Mormonen mit gültigem Tempelschein betreten werden.

Die wichtigsten dieser Rituale sind:

- Die Versiegelung: Bei den Mormonen haben Familienwerte eine hohe Stellung. Dies zeigt sich auch an der Versiegelung: Mormonische Paare können im Tempel (und nur dort) ihre Ehe siegeln lassen, damit sie nicht nur auf der Erde, sondern auf ewig im Himmel gültig sei.
- Die Begabung (Endowment) ist das längste und am deutlichsten von freimaurerischen Einflüssen geprägte Ritual, in dem auch die mormonischen Sonderlehren am stärksten hervortreten. Nach einer Kinovorführung (früher: Theatervorstellung) mit der Darstellung der Heilsgeschichte, die etliche mormonische Sonderlehren deutlich zeigt, werden eine Reihe geheimer Passworte und Handgriffe eingeübt, die nach dem Tod Einlass in das Paradies verschaffen sollen.
- Totentaufe: Die stellvertretende Taufe für die Toten kann ebenfalls nur im Tempel stattfinden, während die Lebenden im weitaus schlichteren Taufbecken in jedem Gemeindehaus getauft werden. Da nach mormonischer Lehre die Verordnungen der HLT-Kirche als heilsnotwendig gelten, lassen sich junge Mormonen stellvertretend für ihre verstorbenen Verwandten im Tempel mehrfach taufen. Diese hätten dann im Jenseits die Möglichkeit, die nachträgliche Taufe anzunehmen oder abzulehnen. Für das große Ziel, möglichst viele Menschen vergangener Jahrhunderte mormonisch nachzutaufen, betreiben die Mormonen seit Jahrzehnten eine umfangreiche und professionell organisierte Ahnenforschung. Aus ganz Europa wurden Kirchenbücher verfilmt und in große Datenbanken eingespeist. Die so erhobenen genealogischen Daten sind in Salt Lake City oder über das Internet auch der wissenschaftlichen Forschung zugänglich.

d) Beurteilung aus christlicher Sicht

Es wird unter den Experten diskutiert, ob die Kirche Jesu Christi der Heiligen der Letzten Tage überhaupt noch entsprechend ihrem Selbstverständnis als christliche Kirche gelten kann, oder vielmehr als nachchristliche Tempelreligion anzusehen sei. Das Mormonentum enthält zwar viele aus dem Christentum übernommene Elemente, die Bibel zählt zu seinen heiligen Schriften und in den Lebensformen gibt es manche Entsprechungen. Durch die neuen Offenbarungen haben aber so grundlegend andere Anschauungen, Deutungen und Praktiken Einzug gehalten, dass kaum noch wirkliche Gemeinsamkeiten zum sonstigen Christentum bestehen.

In gesellschaftlicher Hinsicht erweist sich das Mormonentum als wenig konfliktträchtig. Spannungen können insbesondere im familiären Bereich aus den hohen moralischen Anforderungen resultieren, die dazu verleiten können, interne Konflikte nicht zu bearbeiten, um nach außen eine scheinbar perfekte Familie präsentieren zu können.

PFINGSTBEWEGUNG (EXTREMER FLÜGEL)

Die Pfingstbewegung ist insgesamt keine Religiöse Sondergemeinschaft, sondern eher als eine neue, seit ca. 100 Jahren bestehende, vierte große Konfession neben Orthodoxie, röm. Katholizismus und evangelischer Kirche zu verstehen. Ihr Charakteristikum ist eine besondere Betonung des Wirkens des Heiligen Geistes. Daher enthält der Name den Bezug auf Pfingsten als dem Fest der Ausgießung des Heiligen Geistes. Weite Teile der Pfingstbewegung werden von anerkannten Freikirchen und Christen innerhalb der traditionellen Konfessionskirchen gebildet, mit denen es kaum schwerwiegende ökumenische Probleme gibt. Diese sind nicht der Anlass der Darstellung in diesem Heft. Ein kleinerer Teil pfingstlicher Gruppen vertreten demgegenüber theologische Positionen, die deutlich zum Widerspruch herausfordern und mitunter die Gemeinschaft der Ökumene verlassen. Hinzu tritt in diesen Gruppen nicht selten ein Umgang mit den Mitgliedern und gegenüber der Gesellschaft, der regelmäßig zu starken Konflikten führt. Um diese Gruppen soll es im Speziellen gehen, auch wenn zu ihrem Verständnis ein weiterer Blick auf die Pfingstbewegung insgesamt nötig ist.

a) Geschichte und Richtungen

In der Geschichte der Pfingstbewegung sind drei Phasen zu unterscheiden:

- klassische Pfingstkirchen: Diese gehen auf eine Erweckung unter farbigen Baptisten in Los Angeles 1906 zurück. Dort kam es zu einer Reihe ekstatischer

Erfahrungen, die als Erfüllung mit dem Heiligen Geist gedeutet wurden. Daraus entwickelten sich in der Folge große und inzwischen weltweit verbreitete Pfingstkirchen wie z. B. die Assemblies of God. In Deutschland sind diese traditionellen Pfingstkirchen im Bund Freikirchlicher Pfingstgemeinden (BFP) zusammengeschlossen.

- Vor allem in den 1960er und 1970er Jahren kam es zu einer so genannten 2. Welle der charismatischen Erweckung, die sich nun aber vor allem innerhalb der bestehenden Kirchen vollzog und nicht eigene Kirchengründungen beabsichtigte. Statt dessen war die Erneuerung der eigenen Kirchen aus dem Heiligen Geist das erklärte Ziel dieser als „Geistliche Gemeindeerneuerung" (GGE, evangelisch) bzw. „Charismatische Erneuerung" (CE, katholisch) bekannt gewordenen Bewegung. Es entwickelten sich daraus einzelne Gemeinden und Gemeindekreise in den Kirchen, die eine starke charismatische Prägung aufweisen. Häufig stehen sie in freundschaftlichem Kontakt und Austausch auch mit charismatisch-pfingstlerischen Gruppen im freikirchlichen Umfeld.
- Die so genannte „3. Welle" der Pfingstbewegung ist von dem Entstehen zahlreicher neuer, unabhängiger Einzelgemeinden mit pfingstlich-charismatischer Prägung gekennzeichnet. Gemeindeneugründungen werden hier oft als ein Mittel der Mission und des Gemeindeaufbaus angesehen und angewendet. In der Praxis ergeben sich aber nicht selten starke Spannungen aus dem Transferwachstum solcher Gemeinden, die ihre Mitglieder nicht unter den Kirchenfernen, sondern gerade aus den aktiven und engagierten Mitgliedern bestehender Gemeinden gewinnen.

Organisatorisch tritt pfingstliches Christentum sowohl in Einzelgemeinden und Gemeindebünden als auch in übergemeindlichen selbständigen Missionswerken auf, z. B. Jugend mit einer Mission (JMEM), Christus für alle Nationen (CfaN), Missionswerk Karlsruhe (Der Weg zur Freude), Operation Mobilisation (OM) u. a. m.

b) Charakteristik und Konfliktbereiche

Das Interesse am Wirken des Heiligen Geistes äußert sich in pfingstlicher Lehre und Praxis vor allem in einer Hochschätzung außergewöhnlicher und ekstatischer Phänomene. Diese werden als Beweis der Gegenwart des Geistes Gottes gedeutet. Schreien, Zittern, Lachen und ohnmächtiges Umsinken („Ruhen im Geist") werden als Zeichen der Ergriffenheit mit dem Heiligen Geist verstanden. Besonders das Gebet als Zungenrede („Glossolalie"), ein ekstatisches Sprechen oder Singen in fremden Lauten, gilt in manchen Gruppen als wichtigster Erweis der Gabe des Geistes (wobei die biblische Kritik an dieser Überbewertung einer spezifischen Geistesgabe in 1. Kor 12-14 nur selten gehört wird).

Charakteristische Bestandteile pfingstlicher Theologie und Praxis, die nicht selten auch für die spezifischen Konflikte verantwortlich zeichnen, sind vor allem:

- Positives Denken: Aus der amerikanischen Neugeist-Bewegung (New Thought) wurde die Vorstellung übernommen, dass Gedanken Wirklichkeit schaffen können („Positives Denken"). So wird insbesondere in den Gemeinden der „Wort-des-Glaubens-Bewegung" ein Zusammenhang zwischen dem Glauben, dem Proklamieren und dem Besitzen gelehrt. Der Mensch habe als Geistwesen Anteil an Gottes Herrlichkeit und Vollkommenheit. Gesundheit und Wohlstand seien folglich göttliches Recht und Besitz aller Christen, der nur im Glauben ergriffen werden müsse. Daraus folgt eine schnelle Gleichsetzung von Erfolg mit Gottes Segen und Misserfolg, Armut oder Krankheit mit dem Fluch Gottes bzw. dem Wirken dämonischer Mächte. Das Gebet wird hier zum magischen Zauberspruch umfunktioniert, in dem der Beter selbst alles in die Hand nimmt und für Gott fast nichts mehr zu tun bleibt. Bekannte von der Glaubensbewegung geprägte Gemeinden sind in Deutschland z. B. die „Gemeinde auf dem Weg" Berlin, die „Biblische Glaubensgemeinde" Stuttgart, das „Gospel Life Center" München und diverse Rhema-Gemeinden.
- Heilungen und Wunder: Als Erweis der göttlichen Macht gelten Heilungen und Wunder, die in wirkungsvoller Inszenierung zum wesentlichen Inhalt pfingstlicher Missionsveranstaltungen geworden sind. Die Heilung wird hier als Gottesbeweis eingesetzt. Es geht in erster Linie nicht um normale positive Krankheitsverläufe im Zusammenhang mit ärztlichem Handeln, sondern um plötzliche und spektakuläre Durchbrechungen gewohnter Zusammenhänge (Nachwachsende Beine, plombierte Zähne durch den Heiligen Geist etc.).

  In der Bibel wird viel von Wundern zur Heilung berichtet. Allerdings sind sie dort nie missionarisches Event, sondern kommen aus der Not der Betroffenen. In der Praxis stellt sich das Problem, dass Wunder nicht verfügbar sind, folglich Heilung niemals versprochen werden darf. Ansonsten ist der Schluss fast unvermeidlich, dass jeder nicht Geheilte selbst daran Schuld sein müsse, z. B. weil er nicht genug geglaubt habe oder unter okkulter Belastung stehen würde.
- Dämonologie: Dahinter steht ein dualistisches Weltbild, das alles irdische Geschehen als endzeitlichen Kampf zwischen den guten und bösen Mächten deutet. Christen würden in diesem Kampf an der Seite Gottes – oder sogar stellvertretend für ihn – aktiv gegen das Reich Satans vorgehen. Auf der individuell-seelsorgerlichen Ebene geschieht dies im so genannten „Befreiungsdienst", bei dem die Menschen

durch einen Exorzismus von so genannter okkulter Belastung und dämonischer Besessenheit befreit werden sollen. Auf der kollektiven Ebene ist das Konzept der „geistlichen Kriegführung" bedeutsam geworden. Demnach würden Dämonen über bestimmte geographische Territorien gebieten und dort eine Erweckung verhindern, solange sie nicht durch Gebetskampf, Jesus-Märsche und Proklamationen vertrieben würden. Gott wird hier zum Ausrüster und Waffenlieferant degradiert. Seinen Kampf gegen das Böse meinen diese Christen selbst ausfechten zu müssen. Auch persönliche Schwierigkeiten, Krankheiten und Gegnerschaften stehen immer in der Gefahr, vorschnell durch dämonische Wirkungen erklärt zu werden, was eine Bearbeitung der irdischen Ursachen meist eher erschwert als befördert. Zudem wird durch diese Vorstellungen eine ständige Angst vor dämonischen Mächten geschürt, die diesen mehr Macht zukommen lässt, als ihnen nach dem biblischen Zeugnis zusteht.

- Umgang mit Macht und Autorität: Überdurchschnittlich häufig kommt es in pfingstlich-charismatischen Gemeinden zu starken Konflikten zwischen Mitgliedern und dem Gemeindeleiter. Das hat verschiedene Gründe: zum einen entwickeln charismatische Gemeinden mit ihrer Betonung der Emotionalität eine starke Anziehungskraft auf Menschen mit psychischen und seelischen Problemen, die dann auch in der Gemeinde zu Konflikten führen können. Zum anderen ist pfingstliche Theologie allgemein anfällig für Machtmissbrauch. Die Kombination von sehr hohen Zielen, strenger Forderung nach Einordnung und eine enge soziale Gemeinschaft bereiten dafür den Weg. Da es viel darum geht, von Kraft erfüllt zu werden und Gottes Stimme zu hören, verleiht dies jedem, der im Namen Gottes spricht, große Macht und Autorität. Zum Problem wird es, wenn diese Macht kein Korrektiv bekommt und nicht mehr hinterfragt werden darf. Wenn Kritik als negativ gilt und zu etwas wird, das man bekehren oder von dem man sich befreien müsse, dann sind schwere Konflikte vorprogrammiert.

c) Beispiele für extrempfingstlerische Gruppen

- Christian Assemblies International: Aus der amerikanischen Pfingstkirche Assemblies of God gingen eine Reihe radikalere Abspaltungen hervor, unter ihnen die Revival Centers International (RCI), von denen sich 1991 wiederum die Christian Assemblies International (CAI) bzw. Europe (CAE) abspalteten. Neben einer vergleichsweise radikalen und engen Praktizierung häufiger pfingstlicher Überzeugungen (Glaubenstaufe durch Untertauchen gilt als heilsnotwendig, perfektionistische ethische Forderungen) stellt die British Israel-Theorie eine Besonderheit dieser Gruppe dar. Demnach sei die angelsächsische Bevölkerung direkter Nachfahre der israelitischen Stämme und damit Erbe der göttlichen Verheißungen für Israel.

- International Churches of Christ (ICOC): Die Internationalen Gemeinden Christi wurden 1979 von Kip McKean als „Boston Church of Christ" gegründet. Wesentliches Merkmal ist die besondere Vorstellung von Jüngerschaft, die als heilsnotwendig gilt und eine Bereitschaft zur völligen Unterordnung unter die Gemeinde einschließt. Jedes Mitglied ist einem persönlichen Hirten unterstellt, dem alle Sünden zu beichten sind und der großen Einfluss auf alle Lebensentscheidungen hat (incl. Partnerwahl, Beruf, Wohnung etc.). Die Abgrenzung nach außen ist hoch.

- Organische Christus-Generation (OCG/Ivo Sasek): Unter Leitung der zentralen Führungsgestalt Ivo Sasek bildete sich aus dem Drogenrehabilitationszentrum „Obadja" in Walzenhausen/Schweiz ein Gemeindeverband, der seit 2000 unter dem Namen „Organische Christus-Generation" auftritt. Saseks Verkündigung ist sehr stark auf seine Person und Familie ausgerichtet, die er als vollkommenes Vorbild christlichen Lebens darstellt. Deutlich grenzt er sich von allen anderen christlichen Denominationen (evangelikalen ebenso wie pfingstlichen) ab und versucht Menschen aus anderen Gemeinden auf seine Lehre zu verpflichten. Charakteristisch ist die Betonung der völligen Hingabe und Unterwerfung unter Gott, die sich praktisch vor allem an der Unterordnung unter geistliche und familiäre Autoritäten zeige.

d) Zusammenfassende Beurteilung

Die Pfingstbewegung ist sehr vielfältig und uneinheitlich. Das gilt es zu sehen. Wo sie sich z. B. im Rahmen der charismatischen geistlichen Gemeindeerneuerung um ein lebendigeres christliches Gemeindeleben bemüht, kann sie durchaus wichtige und hilfreiche Impulse für die Kirchen geben. Dazu gehören z. B. die Wichtigkeit von Erlebnissen und Gefühlen für den Glauben, die Offenheit für das wunderbare Handeln Gottes, das starke Interesse an der Bibel, der Lobpreis Gottes, das hohe missionarische Engagement, und eine Gottesdienstgestaltung mit Beteiligung statt Betreuung der Gemeindeglieder. Allerdings sind auch die Grenzen und Konflikte deutlich zu sehen, die sich aus Radikalisierungen und Einseitigkeiten pfingstlicher Theologie ergeben können und letztlich Menschen in Isolation, Angst und Abhängigkeit statt zur Freiheit des Glaubens führen.

2.2 Gemeinschaften mit fernöstlichem Hintergrund

Im Unterschied zu den Gemeinschaften des vorigen Kapitels steht hier nicht mehr das Christentum prägend im Hintergrund, sondern die östlichen Religionen, vor allem der Hinduismus und der Buddhismus. Während der Buddhismus seit seiner Entstehung eine stark missionarische Religion ist, gilt dies für hinduistische Auffassungen nicht in gleicher Weise. Erkennbar wird eine hinduistische Mission im Westen erst seit dem programmatischen Auftritt von Swami Vivekananda auf dem Weltparlament der Religionen 1893 in Chicago. Im Rahmen der Globalisierung treten aber immer mehr hinduistische Gruppierungen auch in europäischen Städten auf, bieten ihre Dienste an und fordern zur Auseinandersetzung heraus.

Charakteristisch für diese Gemeinschaften ist eine vergleichsweise starke Ausrichtung auf den spirituellen Führer, den Guru, der unumschränkte Autorität genießt und mit seinen Äußerungen das Leben seiner Anhänger sehr stark, z. T. bis in Details der persönlichen Lebensgestaltung hinein, bestimmt.

Manche Gruppen vertreten neben der hinduistischen Religiosität auch indische Kultur offen und plakativ, wie die Internationale Gesellschaft für Krishna-Bewusstsein (ISKCON, auch als Hare-Krishna-Bewegung bekannt). Andere versuchen die hinduistisch-religiösen Elemente eher schamhaft hinter einer Fassade westlich orientierter scheinbarer Wissenschaftlichkeit zu verbergen, wie die Transzendentale Meditation des Maharishi Mahesh Yogi (vgl. 2.2). Manche Gurus passen ihre Lehre und ihren spirituellen Tiefgang der seichten Oberflächlichkeit des Wellnessmarktes an, wie z. B. „Der Guru des Lächelns" Sri Sri Ravi Shankar. Andere lehren in extremerer Weise den Ausstieg aus der materiellen Welt der Täuschung mit weit reichenden Konsequenzen wie die Sant Mat-Bewegung des Sant Thakar Singh (1929–2005, Holosophische Gesellschaft). Gelegentlich nehmen die Gurus auch für sich in Anspruch, persönlich bereits göttliche Daseinsformen errungen zu haben, wie der für seine sportlichen Leistungen bekannte Sri Chinmoy oder der zu täglichen Wundern verpflichtete Sathya Sai Baba.

DIE TRANSZENDENTALE MEDITATION

Die Transzendentale Meditation (TM) gehört zu den Bewegungen, die indisch-hinduistische religiöse Überzeugungen im Westen verbreiten. Die Besonderheit der TM besteht darin, dies nicht offen zugeben zu wollen. Stattdessen versteckt sie die hinduistischen Wurzeln und Inhalte hinter einer pseudowissenschaftlichen Fassade und bezeichnet sich als eine weltanschaulich neutrale und wissenschaftlich nachweisbare Meditationsmethode.

a) Ursprung und Verbreitung

Gründer und Leiter der TM ist Mahesh Prasad Varma (*1918), der unter dem Namen Maharishi Mahesh Yogi auftritt und wohl zu den erfolgreichsten indischen Gurus im Westen zu zählen ist. Die Bemühungen um eine naturwissenschaftliche Begründung seiner Meditationsmethode sind wahrscheinlich durch sein Physikstudium an der Universität von Allhabad in Nordindien motiviert. Sein spiritueller Lehrer war der zur Shankara-Tradition gehörige Swami Brahmananda Sarasvati, der als Guru Dev auch in den Initiationen der TM eine Rolle spielt.

1957 gründete Maharishi Mahesh Yogi die „Geistige Erneuerungsbewegung" (Spiritual Regeneration Movement, SRM), in der die TM gelehrt wurde. War der Charakter der Bewegung in der Frühzeit noch deutlich hinduistisch geprägt, so bemühte sich Maharishi in seinem 1963 erschienenen Hauptwerk „Die Wissenschaft vom Sein und die Kunst des Lebens" die TM als religiös unabhängige und wissenschaftlich belegte Meditationsmethode darzustellen.

Große Popularität verschaffte Maharishi die Mitgliedschaft der Beatles 1967. Allerdings blieben die Musiker nicht lange der TM treu, sondern wandten sich der Hare-Krishna-Bewegung zu, wo allerdings auch nur George Harrison längere Zeit engagiert blieb.

In den 1970er Jahren wurden gigantisch anmutende Weltherrschaftsideen entwickelt und seitdem propagiert. Dazu gehörte auch eine von Maharishi formal eingesetzte Weltregierung, die allerdings nie irgendeinen politischen Einfluss hatte.

1977 stellte ein amerikanisches Gericht in New Jersey den religiösen Charakter der TM fest. Das bedeutete einen schweren Rückschlag für die Bewegung bei ihren Versuchen, ihre Kurse in öffentlichen Schulen anzubieten und dafür staatliche Fördermittel zu bekommen.

Seit 1988 wird die traditionelle indische Medizin des Ayurveda von Maharishi Mahesh Yogi aufgenommen und als Maharishi-Ayurveda propagiert. Lange Zeit hatte Maharishi quasi die Monopolstellung unter den Ayurveda-Anbietern im Westen. Inzwischen sind im Zuge der Wellness-Bewegung auch viele von Maharishi unabhängige Ayurveda-Anbieter aktiv.

Politische Aktivitäten werden seit 1992 nach außen von der Naturgesetzpartei vorgenommen, die auch in Deutschland wiederholt bei Wahlen aufgetreten ist.

Die Zahl der TM-Meditierenden in Deutschland wird auf ca. 100 000 geschätzt. Weltweit sollen es 2 bis 3 Millionen sein.

b) Lehrgrundzüge

Die Praxis der TM ist der traditionellen indischen Mantra-Meditation entlehnt. Dazu wird den Meditierenden in einem besonderen Ritual eine Sanskrit-Silbe zugeteilt, der magische Wirkung zugeschrieben wird und die geheim gehalten werden soll. Mit Hilfe der Mantras sollen die Meditierenden in den Zustand absoluter Ruhe und zum Ursprung der Gedanken zurückfinden. Über das transzendentale Bewusstsein könne auch die Ebene des kosmischen, des Gottes- und des Einheitsbewusstseins erreicht werden.[5]

Auffällig an der Lehre der TM sind die utopischen Erwartungen, die mit der eigenen Methode verknüpft werden. So behauptet der so genannte Maharishi-Effekt, dass wenn lediglich 1 % der Bevölkerung einer Stadt nach den Methoden der TM meditiere, sich sogleich spürbare Verbesserungen in allen Lebensbereichen zeigen würden: weniger Verkehrsunfälle, weniger Krankheiten, geringere Kriminalitätsrate usw. Es ergebe sich eine wachsende Positivität in allen Bereichen des Lebens auf Grund der anwachsenden Reinheit des kollektiven Bewusstseins dieser Stadt. Auf diese Weise soll die TM auch zur Förderung des Weltfriedens beitragen. Mit solchen Behauptungen wird immer wieder die Forderung nach Unterstützung der TM durch die Regierungen begründet.

Das so genannte Sidhi-Programm der TM für fortgeschrittene Meditationstechniken wird mit noch größeren Versprechungen ausgestattet. Dort soll – neben den allgemeinen positiven Effekten – durch die Meditation sogar die Aufhebung der Schwerkraft möglich sein. Fotos zeigen die so genannten Yogischen Flieger dann auch im Schneidersitz einen halben Meter über dem Untergrund scheinbar schwebend. Mit der Ausübung der TM könne man die Kräfte der Natur in beliebiger Weise nutzen – so die Begründung dieser angeblich paranormalen Effekte. In Wahrheit entsteht das Außergewöhnliche nur durch die Momentaufnahme des Fotografen – die Technik selbst ist ein schlichtes Hüpfen, das Sportstudenten in Tests spontan ebenso bewerkstelligt haben.

c) Beurteilung aus christlicher Sicht

In naiv-optimistischer Weise wird in der TM der universale Problemlöser gesehen. Die „Wissenschaft von der Kreativen Intelligenz" ist aber trotz aller aus der naturwissenschaftlichen Tradition entlehnten Formelsprache keine „Wissenschaft" im strengen Sinn, sondern ein weltanschauliches System. Wer TM betreibt, lässt sich in einer Puja (Gottesdienst) in eine Guru-Tradition einweihen. Die TM versteht sich als ein mechanischer Weg zur Gottverwirklichung. Gott lässt sich aber nicht auf mechanischem Wege erreichen. Wissenschaftliche Naturerforschung und religiöses Verstehen der Welt schließen einander keineswegs aus. Zu Problemen kommt es aber immer dann, wenn das eine das andere ersetzen soll.

---

5   Reinhard Hummel, Art. „Transzendentale Meditation", in: Baer, Lexikon, 1313.

Eine der schillerndsten Personen der Guru-Szene war ohne Zweifel Rajneesh Chandra Mohan (1931–1990), bekannt geworden als Rajneesh Bhagwan („der Göttliche") oder später kurz als „Osho" (jap.: Meister). Als Exzentriker hat er Zeit seines Lebens nicht nur seine Umgebung in glühende Verehrer und erbitterte Gegner polarisiert, sondern auch regelmäßig seine Anhänger vor den Kopf gestoßen. Seine steten Provokationen trafen alle, die bürgerliche Gesellschaft ebenso wie seine eigenen Jünger, sein Fuhrpark von über 93 Rolls Royce empörte die Kapitalisten wie die Asketen.

a) Poona, Oregon und das Buddhafeld (Geschichte)

Rajneesh studierte zunächst Philosophie und wirkte als Dozent an der Universität in Jabalpur, bis er 1970 die „Dynamische Meditation" entwickelte und 1974 in Poona das erste Meditationszentrum gründete. Dorthin kamen in Strömen vor allem westliche Anhänger – viele davon aus der Psychotherapie-Szene. Täglich hielt Rajneesh seine Morgenansprachen (Darshan), die von den Anhängern eifrig dokumentiert und zu einer umfangreichen Bibliothek verarbeitet wurden. Doch 1981 schwieg plötzlich der Meister und ging wenig später unvermittelt in die USA. In Oregon wurde von 1981 bis 1985 die neue Kommune Rajneeshpuram aufgebaut. Die Leitung hatte – gefördert durch das Schweigen des Meisters – seine Mitarbeiterin Sheela übernommen. Es wurde die Religion des Rajneeshismus ausgerufen, bis es nach kriminellen Machenschaften und Machtkämpfen zum Zusammenbruch der Kommune kam. Nach einem kurzen Gefängnisaufenthalt in den USA kehrte Rajneesh 1987 nach Poona zurück. In Poona wuchs die Vielfalt der angebotenen Therapieformen und esoterischen Praktiken beständig. Osho, wie sich Rajneesh dann nannte, starb 1990 in Poona. Die Leitung ging an einen Leitungskreis (Inner Circle) über. Eine straffe Organisation hat es aber seit dem Ende von Rajneeshpuram (bei dem auch die Religion des Rajneeshismus wieder abgeschafft wurde) nicht mehr gegeben. An zahlreichen Orten in der westlichen Welt waren Meditationszentren nach dem Vorbild Poonas entstanden. Die Neo-Sannyasin, wie Osho seine Anhänger nannte, bilden darum keine geschlossene Gruppe, sondern wirken sehr stark in die Esoterik- und Psychotherapeutenszene hinein. Sie nennen dies die Arbeit im „Buddhafeld".

b) Lehrgrundzüge

Es ist nicht leicht, so etwas wie eine Lehre Oshos in Grundzügen zu beschreiben. Zu widersprüchlich sind seine verschiedenen Aussagen, auch hat er sich stets gegen eine Systematisierung seiner Lehren gewehrt.

Oshos Lehren verbinden und vermischen drei Bereiche: 1. das Entwicklungsideal der westlichen humanistischen Psychologie (die Selbstverwirklichung), 2. die Wirklichkeitsvorstellung der östlichen Religionen (wobei hinduistische ebenso wie buddhistische Elemente Aufnahme finden), und 3. seine eigene Persönlichkeit als spiritueller Meister.

Ein Grundzug ist die Erlangung höheren Bewusstseins durch die Zertrümmerung des alten Ego. Das Ego steht für die verstandesbezogene rationalistische Verstehenswelt der modernen westlichen Gesellschaft. Durch das Sprengen der Fesseln des Ich-Bewusstseins soll die göttliche Wesensnatur des Menschen (hier zeigt sich der hinduistische Hintergrund) zugänglich werden. Dazu dienen vor allem körperorientierte Verfahren und Therapietechniken. Die Auflösung des Ego beinhaltet ebenso die Überwindung gesellschaftlicher Konditionierung. Am markantesten zeigt sich dies auf dem Gebiet der Sexualität. Spiritualität und Sexualität sind für Osho zwei Enden der einen Energie. Im Unterschied zu anderen indischen Richtungen soll bei Osho aber der Sexualtrieb nicht unterdrückt und sublimiert, sondern ausgelebt werden.

Charakteristisch für die von Osho geprägte Religiosität ist folglich:

- die Verbindung von Therapie und Religion: therapeutische Techniken werden von Neo-Sannyasin als Schritte auf dem Weg zur Überwindung des Egos und damit als Hilfen zur Erleuchtung eingesetzt.
- die Verbindung von Sexualität und Spiritualität: Die Tradition des indischen Tantrismus wurde durch Osho zu Experimenten mit dem Körper auf dem Weg der Ich-Befreiung instrumentalisiert und damit für den Massenmarkt tauglich gemacht.
- die Verbindung von Meister und Schüler: Selbsterfahrungs-Therapie wird bei Osho zum Kult um den erleuchteten Meister. Es ist auffällig, wie stark die Neo-Sannyasin, die doch stets ihre Selbständigkeit und persönliche Autonomie betonen, zugleich von ihrem verstorbenen Meister abhängig scheinen. Osho erfährt von seinen Anhängern eine rituelle Verehrung, die auch Jahrzehnte nach seinem Tod kaum nachgelassen hat.

c) Beurteilung aus christlicher Sicht

Osho ist ein Guru der Grenzüberschreitungen. Er hat die Grenzen der Psychotherapie überschritten, indem er sie zu einem religiösen Heilsweg umfunktioniert hat. Er hat die Grenzen der Religion überschritten, indem er die Grundregel des indischen Asketentums, die Besitzlosigkeit, verletzt hat. Die Osho-Zentren heute sind Geschäftsbetriebe im Esoterikmarkt, die Markenrechtsprozesse gegeneinander führen um ihre Gewinne zu maximieren. Er hat ebenso die Grenzen von Ehe und Familie überschritten, die in seinem System der Selbstverwirklichung keinen Platz haben. Stabile, feste Partnerschaften sind in Osho-Zentren fast nicht zu finden.

Das Aufbrechen des Ego, wie es Osho gelehrt hat, bringt offenbar keine Erfüllung, sondern hinterlässt häufig Menschen, die ihre Mitte verloren haben und ständig von der Suche nach ihrem wahren Selbst getrieben sind.

2.3 Spiritualistische und naturreligiöse Gemeinschaften

Nicht als Sondergruppen einer der großen Weltreligionen, sondern als neue religiöse Bildungen sind die Gruppierungen dieses Abschnittes zu begreifen. Prägenden Einfluss hatte dabei die spiritistische Bewegung, die ab der Hälfte des 19. Jh. weite Kreise des amerikanischen und europäischen Bürgertums erfasste.

Grundlegend ist dabei die Vorstellung, dass hinter der grobstofflich-materiellen Welt eine feinstofflich-geistige Welt existiert, in der Wesenheiten mit verschiedener Qualität und Intelligenz beheimatet sind. Zu diesen Wesenheiten – seien es Geister verstorbener Menschen oder Engelwesen oder gar Gott selbst – versuchen die Anhänger des Spiritismus Kontakt aufzunehmen. Sie bedienen sich dazu besonders empfindsamer Menschen, der so genannten Medien, die wiederum verschiedene technische Hilfsmittel zur Übermittlung ihrer Botschaften aus den geistigen Welten benutzen können. Diesen Kundgaben wird zugetraut, dass sie entscheidende Mitteilungen für das Leben und den Glauben der Menschen enthalten.

Während die frühen Formen spiritistischen Denkens bei Emanuel Swedenborg (1688–1772) und Jakob Lorber (1800–1864) noch vergleichsweise stark am Christentum orientiert waren, bildete der Vordenker des Offenbarungsspiritismus Allan Kardec (1804–1869) ein eigenes religiöses System aus, in dem ein pädagogisch-evolutionistisches Reinkarnationsdenken eine zentrale Rolle spielt.

Eine der wichtigsten Gruppierungen, die aus dem spiritistischen Umfeld erwachsen ist, ist ohne Frage die Theosophische Gesellschaft. 1875 in New York in einem Spiritistenzirkel um das Medium Helena Petrowna Blavatsky (1831–1891) gegründet, verbanden die theosophischen Spekulationen in programmatischer Weise westlich-christliche und östlich-hinduistische bzw. buddhistische Einflüsse miteinander. Diese Mischung und das Wirken der organisatorisch extrem zersplitterten Theosophischen Gesellchaft beeinflusste die westliche Esoterik wesentlich. Bekannteste und verbreitetste Form theosophischen Denkens in Deutschland ist die Anthroposophie. Dabei wird die Anthroposophie vor allem durch ihre praktischen Arbeitszweige wahrgenommen: Waldorfpädagogik, biologisch-dynamische Landwirtschaft (Demeter-Produkte), anthroposophische Medizin (Weleda-Arzneimittel AG), Eurythmie, anthroposophischer Baustil, die Christengemeinschaft etc. Viele Nutzer anthroposophischer Angebote erkennen nicht gleich, dass dahinter eine ausgeformte theosophisch geprägte Weltanschauung steht. Dies hängt wesentlich mit der nur sehr schwach organisierten Gruppenstruktur der Anthroposophischen Gesellschaft zusammen, weshalb diese im Allgemeinen auch nicht als konfliktträchtige Gruppierung erlebt wird. Von anderen spiritualistischen Gruppen kann man dies nicht sagen. Andere theosophische Gruppen wie z. B. die „Universale Kirche" oder auch einzelne Rosenkreuzergemeinschaften erzeugen einen höheren Gruppendruck mit stärkerer Abgrenzung nach außen.

Die Vorstellung von der Möglichkeit des Kontakts zu Geistwesen und die Hochschätzung von medial vermittelten Kundgaben aus der geistigen Welt bilden die Klammer um die hier behandelten Gruppen.

UNIVERSELLES LEBEN (UL)

Friedliche Naturliebe auf der einen, wütende Polemik gegen Kirchen und Staat auf der anderen Seite – das sind die verschiedenen Gesichter des Universellen Lebens in der Öffentlichkeit. Dass beide zu einer neuen Religionsgemeinschaft mit hohem Offenbarungsanspruch und nicht minder hohem Konfliktpotential gehören, erfährt erst, wer sich näher damit befasst.

a) Geschichte

Das Universelle Leben ist Anfang der 1970er Jahre im Würzburger Raum in Deutschland entstanden. Schlüsselfigur ist die Hausfrau Gabriele Wittek. Nach einem Umzug ihrer Familie nach Würzburg fühlte sie sich oft sehr einsam und tröstete sich mit stundenlangen Telefonaten mit ihrer Mutter. Als sie den plötzlichen Tod ihrer Mutter nicht verkraftete, bekam sie Kontakt zu einem spiritistischen Zirkel. Dort verinnerlichte sie nicht nur die Grundlagen der Weltanschauungen des Kardecschen Spiritismus, sondern begann allmählich auch selbst als Medium zu fungieren. Sprach zunächst der „Geistlehrer Emanuel" durch sie, beanspruchte sie später, dass Jesus Christus selbst durch sie zu Wort komme. Den „Durchbruch" des „Inneren Wortes" will sie 1975 erlebt haben. Seitdem versteht sie sich als die von Gott erwählte Prophetin der Jetzt-Zeit. 1977 wurde von ihren Anhängern das „Heimholungswerk Jesu Christi" (HHW) gegründet, das 1984 in „Universelles Leben" (UL) umbenannt wurde.

Äußere Einflüsse auf das „Innere Wort" sind nicht zu übersehen. Nachdem der esoterisch erfahrene Dr. Walter Hofmann sich dem Heimholungswerk anschloss, begannen in den Offenbarungen Bezüge auf indisches und theosophisches Denken aufzutauchen. Mit der Umbenennung in „Universelles Leben" wurden umfangreiche wirtschaftliche Aktivitäten in Angriff genommen. Neue Offenbarungen riefen dazu auf so genannte „Christusbetriebe" zu gründen, in denen nach den von Gabriele Wittek geoffenbarten „geistigen Ge-

setzen" gearbeitet werden sollte. Damit einher gingen Zentralisierungsbemühungen. In den beiden oberfränkischen Gemeinden Michelrieth und Marktheidenfeld kauften UL-Anhänger zahlreiche Grundstücke. Viele Anhänger zogen in den Würzburger Raum, wo das himmlische Jerusalem errichtet werden sollte. Das Ziel war, ein möglichst autarkes Gemeinwesen zu errichten, das von der Außenwelt weitgehend unabhängig sein sollte und viele mittelständische Unternehmen und Dienstleistungen vereinigt. So gehören in das Umfeld des UL ein Krankenhaus, eine eigene Grundschule, Gewerbezentren (Einkaufsland Alles für Alle), Dienstleistungsbetriebe, Verlage (Das Wort, Das Weisse Pferd, Das Brennglas), ein Rundfunksender (Radio Santec / Die Kosmische Welle) u. a. m.

Die „Bundgemeinde Neues Jerusalem" bildete gewissermaßen den inneren Kreis der Anhänger. Interne Spannungen führten Ende 2000 zu einer Neuausrichtung. Die Bundgemeinde verlor ihre frühere Bedeutung und der Tierschutz wurde als neues Thema mit großem Eifer aufgenommen. Versuche, die Tierschutzszene zu unterwandern, erzeugten z. T. heftige Proteste und juristische Auseinandersetzungen.

Auffällig in der jüngeren Geschichte ist die Vermeidung des Namens „Universelles Leben" in der Öffentlichkeit. Offenbar fürchtet die Organisation die inzwischen mit dem Namen verbundenen negativen Assoziationen, so dass Aktivitäten von UL-Anhängern unter zahlreichen anderen Namen stattfinden (siehe Kasten).

Einrichtungen aus dem Umfeld des Universellen Lebens, deren Zusammenhang mit dem UL nicht offensichtlich ist (Auswahl)

- Vegetarisch geniessen: Lifestyle-Magazin (www.vegetarisch-geniessen.com)
- Freiheit für Tiere: Tierschutz-Magazin (www.freiheit-fuer-tiere.de)
- Neo-Lutheraner: Gesellschaft zur Verbreitung von Informationen über die Glaubens- und Sittenlehre Martin Luthers (www.neo-lutheraner.de)
- Mahnmal für die Millionen Opfer der Kirche (www.kirchenopfer.de)
- Spart euch die Kirche (www.kirchen-einsparen.de)
- Bürgerbewegung „Mehr Geld für den Bürger" (www.stop-kirchensubventionen.de)
- Der Beauftragte für die Opfer kirchlicher Gewalt (www.buerger-beobachten-kirchen.de)
- Initiative zur Abschaffung der Jagd (www.abschaffung-der-jagd.de)
- Ärztegesellschaft zur Förderung der vegetarischen Ernährung e. V. (www.fleisch-macht-krank.de)
- Kultur im Leben und Denken e. V.
- Freie Christen für den Christus der Bergpredigt (weitere auf www.confessio.de/gemeinschaften/ul/)

Aggressive Kirchenfeindschaft ist von Anbeginn ein wesentlicher Charakterzug des Universellen Lebens. Traktate mit heftiger und oft unsachlicher Polemik, Postwurfsendungen und Plakataktionen sollen Menschen zum Kirchenaustritt bewegen bzw. prangern angebliche Verflechtungen des Staates mit den „Machtkirchen" an. Dass diese antikirchliche Propaganda aus einer weltanschaulichen Konkurrenzsituation resultiert und letztlich der Abwehr berechtigter Kritik dienen soll, möchte das UL gern verbergen.

b) Organisation und Verbreitung

Das Universelle Leben ist rechtlich nicht verfasst und hat folglich keine echten Mitglieder. Zur „Bundgemeinde Neues Jerusalem" sollen 500–600 Glieder gehört haben, bevor ihre Bedeutung gemildert wurde. Schätzungen zufolge hat das UL weltweit weniger als 10 000 Anhänger, von denen ca. 3 000 im Raum Würzburg und Marktheidenfeld wohnen. Frau Wittek lebt derzeit zurückgezogen und weitgehend von der Außenwelt abgeschirmt auf dem von Anhängern des UL bewirtschafteten Gut Greußenheim (Landkreis Würzburg).

c) Lehrinhalte

Die Grundlagen des Lehrgebäudes wurden in den 1970er und 1980er Jahren gelegt und verbinden spiritistische Elemente mit esoterisch-ufologischer Spekulation zu einem neo-gnostischen System.

- Kosmologie: Entsprechend der Grundstruktur des gnostischen Mythos wird die Entstehung der materiellen Welt nicht mit Gottes Schöpferwillen, sondern mit einem kosmischen Unfall bzw. einem Aufstand gegen Gott im Jenseits in Verbindung gebracht. Gott-Vater habe zunächst nur ein rein geistiges Universum geschaffen. Zusammen mit Satana, seinem weiblichen Dual, habe Gott-Vater Christus gezeugt. Neidisch darüber, dass Christus von Gott-Vater 2/3, sie hingegen nur 1/3 aus der Urkraft bekam, habe Satana mit einigen Geistwesen einen Aufstand gegen Gott angezettelt. Durch ihre Verbannung aus der Lichtwelt Gottes seien sieben Fallebenen entstanden, an deren tiefstem Punkt das materielle Universum mit der Erde als dichtesten und gottfernsten Ort sich befinde. Um den weiteren Fall zu stoppen habe Christus bei seinem Kreuzestod auf Golgatha seinen Teil an der Urkraft an alle Menschen ausgesandt, die dies seitdem als Lichtfunken in sich tragen. Dadurch seien die Fallebenen zu Reinigungsebenen umgewandelt worden, auf denen nun den Menschen ein schrittweiser Aufstieg bis zur Rückkehr in die göttliche Lichtwelt möglich sei.
- Reinkarnation: Da dieser Aufstieg nicht in einem Menschenleben zu schaffen sei, gehört das Reinkar-

nationsdenken in seiner pädagogisch-evolutionistischen Variante fest zum Lehrbestand des UL. Jede Seele müsse im Rahmen des Gesetzes von Ursache und Wirkung (Karmagesetz) die Ernte für alle Taten, Gedanken und Empfindungen empfangen. Jegliches irdische Leid und Glück – auch von ganzen Volksgruppen – findet so seine karmische Begründung. Die Erde gilt als Lebensschule, in der die Menschen lernen sollen, in Ausrichtung auf das (von Gabriele Wittek geoffenbarte) göttliche Gesetz zu leben. Auf dem „Inneren Weg" könne sich der Mensch durch Aufgabe der individuellen Persönlichkeit und Umprogrammierung der Gehirnzellen den Weg durch die Reinigungsebenen wieder zum Geistwesen hocharbeiten.
- Die Prophetin: Gabriele Witteks Anspruch, Prophetin Gottes und Sprachrohr Jesu Christi zu sein, bringt sie in ein starkes Spannungsverhältnis zu den christlichen Kirchen. Die Bibel wird gering geschätzt, denn das aktuelle Gotteswort sei besser als das alte und durch lange kirchliche Überlieferung verfälschte Bibelwort. Nur solche Bibelstellen, die sich in das esoterisch-spiritistische Weltbild des Universellen Lebens einfügen lassen, werden mit Eifer zitiert. Diese Haltung führte sogar dazu, dass diese Gemeinschaft, die sich selbst explizit als „Urchristen" bezeichnet, im Sommer 2000 gerichtlich durchzusetzen versuchte, dass die Bibel auf den Index der jugendgefährdenden Schriften gesetzt würde.
- Apokalyptik: In den Offenbarungen Gabriele Witteks finden sich reichlich apokalyptische Aussagen. Gewalttaten und Kriege, sogar Naturkatastrophen werden als Auswirkungen einer menschlichen Kollektivschuld an der Erde und den Tieren gesehen. Noch größere Katastrophen werden erwartet, in denen sich die Erde von allen negativen Belastungen reinigen soll.

d) Beurteilung aus christlicher Sicht

Das Universelle Leben tritt mit dem Anspruch auf, die urchristlichen Lehren des Jesus von Nazareth besser und authentischer zu verwirklichen, als dies in den christlichen Kirchen geschieht. Das, was aber als angebliche Botschaft des Christus durch seine Prophetin Gabriele verkündet wird, zeigt sich als neuzeitliche Mischung aus theosophisch-esoterischen Elementen, die lediglich mit einzelnen Versatzstücken biblisch-christlicher Überlieferung angereichert wurden.

Die Gemeinschaft ist sehr konfliktträchtig. Dies resultiert einerseits aus dem absoluten Führungsanspruch Gabriele Witteks („Ich bin das absolute Gesetz"), der völlige Hingabe der Anhänger verlangt, wie dies in den internen Auseinandersetzungen Ende 2000 wieder deutlich wurde. Hinzu tritt andererseits die Bemühung um Abschottung von der als feindlich empfundenen Außenwelt. Dies führt zu einem z.T. erheblichen Innendruck. Gegner und Kritiker des UL werden immer wieder mit Prozessen überzogen, um sie zum Schweigen zu bringen.

Die Prophetie Gabriele Witteks ist aus christlicher Sicht falsche Prophetie. Ihr „Friedensreich" in Oberfranken erweist sich als recht wenig friedlich, sondern trägt etliche Anzeichen eines totalitären Regimes.

BRUNO-GRÖNING-FREUNDESKREIS (BGF)

„Heilung auf geistigem Weg – medizinisch beweisbar." Mit solchen Sprüchen wirbt der Bruno-Gröning-Freundeskreis. Was auf den ersten Blick lediglich wie eine besondere Therapierichtung wirkt, entpuppt sich bei näherer Betrachtung als durchorganisierte Religionsgemeinschaft mit deutlich konfliktträchtigem Potential.

a) Entstehungsgeschichte

Der Bruno-Gröning-Freundeskreis nimmt Bezug auf das Wirken des Wunderheilers Bruno Gröning (1906–1959) im Nachkriegsdeutschland. 1906 in einer katholischen Familie in Danzig geboren, brachten es die Umstände mit sich, dass er keine abgeschlossene Berufsausbildung bekam und sich mit Gelegenheitsjobs durchschlagen musste. Als er im März 1949 in Herford einen an Muskelschwund leidenden 8-jährigen Jungen angeblich geheilt hatte, breitete sich sein Ruf als Wunderheiler rasant aus. Zahlreiche hilfesuchende Menschen strömten zu ihm. Dass der „geheilte" Junge später an den Folgen seiner Krankheit starb, tat Grönings Popularität keinen Abbruch. Nachdem die Behörden in Nordrhein-Westfalen ein Auftrittsverbot erlassen hatten, ging Gröning nach Bayern. Dort versammelten sich auf dem Traberhof bei Rosenheim bis zu 30 000 Menschen um Grönings Ansprachen zu hören und von ihm geheilt zu werden. Wegen Verstoß gegen das Heilpraktikergesetz wurde er 1954 angeklagt und ihm jegliche Heilertätigkeit untersagt. 1959 starb er in Paris an Magenkrebs. Die schwierige Tatsache, dass der angebliche Vermittler des göttlichen Heilstroms selbst an Krebs gestorben ist, wird von den Anhängern so umgedeutet, dass Gröning an dem Heilstrom innerlich verbrannt sei, weil er ihn nicht weiterleiten durfte.

b) Organisation und Verbreitung

Gröning selbst hatte den Bruno-Gröning-Bund gegründet. Nach internen Auseinandersetzungen wurde dieser durch den „Verein zur Förderung seelisch-geistiger und natürlicher Lebensgrundlagen" abgelöst. Diejenige, die aus den lockeren Anhängerkreisen nach Grönings Tod eine straff geführte Religionsgemeinschaft in Form des Bruno-Gröning-Freundeskrei-

ses organisierte, war die Österreicherin Grete Häusler (*1922). Im Grete Häusler-Verlag erscheinen die Schriften des Freundeskreises über Gröning und in der Grete Häusler GmbH wurden mehrere Filmprojekte realisiert. Die örtlichen Freundeskreise sind juristisch selbständig, werden aber durch den „Kreis für geistige Lebenshilfe" koordiniert, als deren Vorsitzende Grete Häusler alle geschäftlichen Belange der Freundeskreise regelt.

Weltweit sollen etwa 60 000 Menschen in 1500 Gruppen aller drei Wochen zu den Gemeinschaftsstunden zusammenkommen, bei denen Heilungsberichte ausgetauscht und das Einstellen auf den Heilstrom Bruno Grönings geübt wird.

c) Lehrgrundzüge

Bruno Gröning war ein einfacher Mann von einer tiefen persönlichen Frömmigkeit. Entsprechend seiner geringen Bildung war seine Lehre einfach und schlicht.

Er war überzeugt, die Heilkraft Gottes kanalisieren zu können. Als „Antennen" für den Heilstrom benutzte er Stanniolkugeln, die er mit Produkten seines Körpers füllte (Haare, Nägel, Sperma etc.) und an Patienten weitergab. Von der Einstellung auf den durch Bruno Gröning angeblich vermittelten Heilstrom erwarten seine Anhänger nicht nur spürbare Heilung von vielen Arten von Krankheiten, sondern sogar bei Haustieren und Haushaltsgeräten sollen positive Wirkungen des Heilstroms beobachtet worden sein.

Grönings Weltbild ist stark dualistisch und von der Auseinandersetzung zwischen Gott und Satan geprägt. Krankheit deutete er als vom Satan gewirkt sowie als Folge falscher Gedanken und Taten. Schon jeder Gedanke an die Krankheit oder Negatives überhaupt sei wegen seiner krankmachenden Wirkung zu vermeiden. Von allem Bösen und Satanischen müsse man sich trennen, will man dauerhaft gesund bleiben.

Gröning hat sich selbst wohl auch als weitergehender Mittler zum Heil verstanden, indem er beanspruchte, den „Weg zum Herrgott" zu zeigen. Er will selbst die Brücke zwischen Gott und den Menschen sein.

Im Bruno Gröning Freundeskreis wurden Grönings Aussagen erst zu einem geschlossenen Lehrsystem verbunden und mit anderen esoterischen Überzeugungen, wie z. B. dem Reinkarnationsglauben, angereichert.

d) Beurteilung aus christlicher Sicht

Die Zentrierung auf die Gesundheit verschafft dem Bruno-Gröning-Freundeskreis in der säkularisierten westlichen Gesellschaft schnelle Akzeptanz, ist doch „Hauptsache Gesund" ein oft unhinterfragtes Idol. Die religiösen Inhalte kommen sozusagen durch die Hintertür als Mittel zur Erlangung von Gesundheit zur Sprache. Dann beschränken sie sich aber nicht auf medizinische Fragen, sondern werden zu einem Regelsystem für das gesamte Leben.

Im Bruno-Gröning-Freundeskreis hat Bruno Gröning Jesus ersetzt. Der Messias, von dem die Anhänger ihr Heil erwarten und über den sie ihre Verbindung zu Gott suchen, heißt Gröning.

Konfliktträchtig ist die Gruppierung vor allem durch zwei Elemente:

1) Der strenge Dualismus führt dazu, dass Kritiker oder Zweifler leicht als satanisch bezeichnet werden. Wenn dann gewünschte und erwartete Heilungserfolge ausbleiben, kann es vorkommen, dass dies auf die Nähe und den negativen Einfluss solcher satanischer Menschen geschoben wird. Wenn solches z. B. im Familienkreis geschieht, sind schwere Konflikte vorprogrammiert.

2) Die Tatsache, dass in der medizinisch-wissenschaftlichen Fachgruppe des Bruno-Gröning-Freundeskreises viele Ärzte mitarbeiten, darf nicht darüber hinwegtäuschen, dass der Glaube an die Heilkraft von Bruno Gröning und das Einstellen auf den göttlichen Heilstrom in Konkurrenz zu ärztlichem Handeln stehen. Darum kann die Zugehörigkeit zum Bruno-Gröning-Freundeskreis dazu verleiten, dass wichtige Medikamente abgesetzt werden und wirksame medizinische Behandlungen unterbleiben.

NEUHEIDENTUM

In den vergangenen Jahren sind immer stärker Gruppen aufgetreten, die sich deutlich vom Christentum abgrenzen und als Neubelebung vorchristlicher bzw. außerchristlicher heidnischer Traditionen verstehen.

„Neuheidentum" ist dabei ein Sammelbegriff für verschiedene Richtungen. Gemeinsam ist ihnen, dass sie einerseits moderne religiöse Bildungen sind, die auf spezifische Probleme der postmodernen Gesellschaft reagieren, andererseits ihre Glaubensinhalte und Überzeugungen in der Regel in archaische Frühzeit zurückprojizieren und von daher legitimieren. Dabei ist die Nähe zu den historischer Forschung zugänglichen Fakten in den Gruppen zwar verschieden ausgeprägt, generell aber eher gering zu veranschlagen. Die Grenzen zwischen historisch-kulturellen und neuheidnisch-religiösen Interessen sind fließend (deutlich z. B. in der Reenactment-Szene). Je stärker aber die religiöse Komponente zur Geltung kommt, desto mehr muss in der Regel die Historie der Spekulation und der Projektion weichen. Das Spektrum reicht dabei von grüner Naturmystik bis zu braunen Rechtsnationalen, von profilierten Einzelpersonen über Stammtische und Freundeskreise bis zu fest organisierten Orden mit Arkandisziplin und Einweihungsgraden.

a) Neugermanische Gruppen

An der Wende zum 20. Jh. entstand in Deutschland eine „Völkische Bewegung", die auch in der Religion auf die spezifisch deutsche Vergangenheit zurückgreifen und diese wiederbeleben wollte. Beeinflusst von der Lebensreformbewegung wie von der Theosophie, von den Rassentheorien der zeitgenössischen Ethnologie wie von der Germanenbegeisterung durch die Mythenadaptionen Richard Wagners begannen Vordenker wie Guido von List (Ariosophie) und Jörg Lanz von Liebenfels (Ordo Novi Templi) in Büchern und Gemeinschaftsgründungen den Bezug auf germanische Religion mit Rassenideologie zu verbinden. Zahlreiche Gruppen entstanden in der Folge, z. B. 1911: Deutschgläubige Gemeinschaft, 1913 Germanische Glaubensgemeinschaft (Ludwig Fahrenkrog), 1918 Thule-Gesellschaft (Rudolf von Sebottendorf), Tannenbergbund, Bund für deutsche Gotterkenntnis (Erich und Mathilde Ludendorff). Die meisten dieser Gruppen wurden nach der Machtergreifung Hitlers auf Grund persönlicher Auseinandersetzungen und einer Konkurrenzsituation zum NS-Regime verboten. Dadurch konnten aber etliche dieser Gemeinschaften – obwohl sie zu den Vordenkern des Nationalsozialismus gehört hatten – nach 1945 als Verfolgte des Naziregimes ihre Arbeit relativ unvermittelt fortsetzen. So wurde die Guido-von-List-Gesellschaft direkt weitergeführt, aus der dann der Armanen-Orden hervorging. Ferner entstanden 1951 die Artgemeinschaft (Nordische Glaubensgemeinschaft), 1957 der Goden-Orden, 1967 die Deutschgläubige Gemeinschaft, 1952 die Wiking-Jugend, 1958 der Bund Heimattreuer Jugend etc.

Die wichtigsten gegenwärtig bedeutsamen Gruppen dieses Spektrums sind:

- Die Germanische Glaubens-Gemeinschaft (www.gggev.com) erhebt mit ihrem Leiter Géza von Neményi (www.allsherjargode.de) einen Führungsanspruch innerhalb der germanisch-neuheidnischen Szene.

- Der Rabenclan (www.rabenclan.de) als Dachverband der Heiden in Deutschland bestreitet dies heftig. Im 1994 gegründeten Rabenclan sind ca. 150 Heiden verschiedener Richtungen verbunden (nicht nur Neogermanen). Er ist einer der wenigen Vereine, die sich deutlich und glaubhaft von rechtsnationalen Tendenzen in der Szene distanzieren.

- Der Eldaring (www.eldaring.de) wurde 2000 gegründet und ist dem Rabenclan nahe stehend. Die Ausrichtung ist eher unpolitisch-esoterisch und auf die Pflege nordischer Religion (Asatru) konzentriert.

- Die Artgemeinschaft (www.artglaube.de) ist demgegenüber deutlich rechtsnational orientiert und vertritt relativ offen ihre Rassenideologie.

- Die Deutsche Heidnische Front (www.deutscheheidnischefront.de) ist eine militante rechtsextreme Gruppierung mit nordisch-religiösem Überbau. Gründer der Allgermanisch Heidnischen Front ist der Sänger der norwegischen Black-Metal-Band Burzum, Varg Vikerness, der wegen Mordes seit 1993 inhaftiert ist. Die Polizei hat bei Mitgliedern dieser Gruppierung Waffen und Sprengstoff sichergestellt.

b) Neokeltische Gruppen

Der Bezug auf traditionelle keltische Religionsformen (Druiden etc.) ist vor allem im angelsächsischen Raum verbreitet. Durch die Romane von Marion Zimmer Bradley (Die Nebel von Avalon u. a.) ist diese neuheidnische Religionsform aber auch darüber hinaus weiten Kreisen bekannt gemacht worden.

c) Neoschamanismus

Die Rezeption von Elementen archaischer Stammesreligionen im Westen wird oft als Neoschamanismus bezeichnet, auch wenn damit nicht nur sibirische, sondern ebenso traditionelle indianische oder tibetische Kultformen angesprochen werden. Der Neoschamanismus ist vor allem in der Esoterikszene beheimatet, wirkt aber auch in andere neuheidnische Gruppen hinein.

d) Neue Hexen (Wicca-Bewegung)

Die mit Abstand größte Popularität aller neuheidnischen Richtungen genießt gegenwärtig die Bewegung der Neuen Hexen. Auch diese ist in sich vielgestaltig und reicht von feministischen Aktivistinnen über kräuterkundige Heilpraktikerinnen und magieinteressierten Teenagern bis zu ritualmagisch arbeitenden Hexengruppen (sog. Coven).

- Der älteste Zweig ist die ab 1949 in England entstandene Wicca-Bewegung. Dr. Gerald Brouseau Gardner (1884–1964), der Kontakte zum Hermetic Order of the Golden Dawn besessen hatte, adaptierte dessen Riten, praktizierte diese freimaurerisch beeinflusste rituelle Magie in seinen Coven und wurde 1951 zum „König der Hexen" proklamiert. Ein Hexencoven hat üblicherweise maximal 13 Mitglieder und wird von einem Hohepriester/einer Hohepriesterin geleitet. Die Rituale werden nach Möglichkeit nachts nackt auf Waldlichtungen abgehalten. In den USA fungiert der Dachverband „Covenant of the Goddess" als rechtliche Vertretung, während sich in Europa die Pagan Federation um eine Verbindung der Coven bemüht.
- Aus den 1970er Jahren wird berichtet, dass dort in Italien in der feministischen Bewegung engagierte Frauen den Begriff „Hexe" erstmalig in öffentlichen Demonstrationen als positiv verstandene Selbstbezeichnung gebraucht haben sollen. Die Hexe steht hier für die starke selbstbestimmte Frau.
- Kaum abzugrenzen und in der Regel unorganisiert ist die Szene der Girlie-Hexen. In Fernsehen und Jugendzeitschriften wie in Taschenbüchern wird ein neues Bild der Hexe als junge attraktive Frau vermittelt, die voll im Leben steht, aber zusätzlich über magische Kräfte verfügt. Dadurch beeinflusst verstehen sich zunehmend junge Mädchen – insbesondere in der Gothic-Szene, aber auch darüber hinaus – im positiven Sinn als Hexe und versuchen, mit magischen Praktiken ihre Lebensprobleme zu beeinflussen.
- Stärkeren Bezug auf heidnische Wurzeln nehmen die in der Esoterikszene aktiven und in der Regel individuell praktizierenden neuen Hexen. Als Hexe bieten sie oft auch gewerblich Dienstleistungen des Esoterikmarktes an, vor allem Orakelwesen (Kartenlegen, Kristallsehen, Handlesen, Horoskopdeutungen etc.), aber auch Liebeszauber oder Behandlungen im alternativmedizinischen Bereich. Manche von ihnen sind auch in anderen neuheidnischen Gruppen organisiert. So ist z. B. die derzeitige Vereinsvorsitzende der Germanischen Glaubensgemeinschaft eine solche praktizierende Hexe.

Gemeinsam ist allen diesen Richtungen, dass die Hexe hier als positiv besetzte Figur gesehen wird, die nichts mit dem Teufel, dämonischer Macht oder schwarzer Magie zu tun haben soll. Stattdessen schöpfe sie ihre magischen Fähigkeiten aus überliefertem Geheimwissen, ritueller Einweihung oder angeborenen, im Familienkreis übertragenen, besonderen Fähigkeiten.

Die Hexenregeln „Tue was du willst, aber schade niemandem" und „Was immer du tust, kommt mehrfach zu dir zurück" sollen vor Schadenszauber abschrecken. Die Praxis zeigt aber, dass diejenigen, die aktiv magische Praktiken einsetzen, stets auch von der Wirksamkeit schwarzer Magie überzeugt sind, deren Anwendung durch ihre Feinde sie nicht selten auch vermuten.

Magie ist eine aufwändige Form des Selbstbetruges mit beträchtlichen Nebenwirkungen. Immer wieder verstricken sich die Anhänger der Magie in Ängste, welche die Betreffenden aus eigener Kraft nicht mehr los werden.

2.4 Psychogruppen

Die moderne umgangssprachliche Füllung des Sektenbegriffes (vgl. S. 10) bringt es mit sich, dass auch solche Gruppen als „Sekte" bezeichnet werden, die überhaupt keine religiösen Wurzeln im engeren Sinn haben, sondern Bewusstseinsveränderungen durch bestimmte psychologische Techniken zu erreichen versuchen. Mit Scientology bemüht sich die bekannteste Gruppe dieser Richtung in der öffentlichen Präsentation sehr darum, den Eindruck einer Religionsgemeinschaft zu erwecken. Dies darf nicht darüber hinwegtäuschen, dass oft deutlich kommerzielle Interessen die Persönlichkeitsbildung in den Gruppen bestimmen und die

Religionsbezüge – wenn überhaupt vorhanden – sekundär bzw. sehr indirekt sind.

So bietet z. B. „Landmark Education" psychologische Intensivkurse an, in denen man an einem Wochenende seine Psyche und Verhaltensmuster so verändern lassen soll, dass man fortan alle seine Probleme im Griff habe. Diese „Forum" genannten Veranstaltungen kennen noch verschiedene Fortsetzungs- und Aufbaukurse zu ebenfalls nicht unerheblichen Preisen.

Weniger vordergründig kommerziell orientiert ist das Zentrum für Experimentelle Gesellschaftsgestaltung (ZEGG) in Belzig (südlich von Berlin), das von den Idealen der 68er-Bewegung geprägt ist und Alternativen zur „Lebenslüge der bürgerlichen Gesellschaft" experimentell erproben will. Freie Sexualität spielt dort ebenso eine Rolle wie soziale und ökologische Alternativkulturen. Während sich das ZEGG selbst in den letzten Jahren etwas entradikalisiert hat, gilt dies nicht für den neuen Ableger „Tamera" in Portugal.

Stärker politisch-ideologisch ausgerichtet sind die LaRouche-Organisation (Bürgerinitiative Solidarität) und das „Rote Forum" (Bund gegen Anpassung, Ahriman-Verlag), die darum gelegentlich auch als „Polit-Sekten" bezeichnet werden.

SCIENTOLOGY-ORGANISATION

Wie viel ist Ihnen Ihre Freiheit wert? – Diese Frage kennzeichnet vielleicht am treffendsten das Angebot der Scientology-Organisation: Sie will den Weg zu geistiger Freiheit verkaufen. Geworben wird mit ideellen Werten: frei von geistigen Belastungen und Einschränkungen, fähig und erfolgreich, glücklich und selbstbestimmt – so sollen die Scientologen sein, glaubt man den Versprechungen. Die Praxis zeigt außerhalb der umhegten Celebrity-Center ein anderes Bild. Kosten für Kurse und Auditing ruinierten zahlreiche Existenzen. Massiver Innendruck auf nicht konforme Mitglieder, der bis zur Internierung in „Rehabilitiations"-Lagern führen kann, dazu massive politische Herrschaftsansprüche und eine totalitäre Ideologie, die auch vor kriminellen Handlungen nicht zurückschreckt und in Deutschland den Verfassungsschutz auf den Plan gerufen hat, kennzeichnen das andere Gesicht dieser Organisation. Zur Täuschung der Öffentlichkeit arbeitet eine große PR-Abteilung daran, den Psychokult nachträglich zu einer den Kirchen äußerlich möglichst ähnlichen Religionsgemeinschaft zu stilisieren.

a) Geschichte und Organisation

Gegründet wurde Scientology von dem Amerikaner Lafayette Ronald Hubbard (1911–1986). Nach wenig erfolgreichen Karrieren bei der US-Marine und als Science-Fiction-Schriftsteller gelangte sein Buch „Dianetik" 1950 zu großer Bekanntheit. In ihm wurde eine Methode aus Versatzstücken der Psychotherapie und Psychoanalyse vermittelt, durch die man sich von körperlichen und seelischen Leiden befreien können soll. Im Zentrum steht dabei eine einfache Technik (das Auditing), das die Wurzeln der seelischen Belastung (sog. Engramme) ermitteln können soll. Später erweiterte Hubbard das System zu einer Theorie von Wesen und Struktur des menschlichen Geistes. Durch die Verbindung mit Science-Fiction-Elementen, Reinkarnationsvorstellungen und Verschwörungstheorien wurde aus der Dianetik das System der „Scientology". Offenbar um in den Genuss steuerrechtlicher Vergünstigungen zu kommen erfolgte 1954 die Gründung der „Church of Scientology". Fortan wurde Scientology als religiöser Glaube stilisiert. Das Weltzentrum der Organisation befand sich zunächst in England (St. Hill Manor), wo auch die höchsten Kurse für die Scientologen stattfanden. Hubbard selbst produzierte immer neue Kurse und Richtlinienbriefe. Das Gesamtwerk seiner administrativen Schriften, von den Anhängern als die „Technologie" (oder kurz: „Tech") bezeichnet, umfasst mehr als 20 000 Seiten. Als Hubbard 1968 die erneute Einreise nach England verweigert wurde, verlegte er die Zentrale auf sein Flaggschiff „Apollo", auf dem er etliche Jahre seines Lebens zubrachte. Im März 1980 wurde Hubbard letztmalig öffentlich gesehen. Sechs Jahre später wurde sein Tod mitgeteilt. Die Leitung hat seitdem David Miscavige inne.

Die Organisation besteht aus einem komplizierten Geflecht verschiedener Einheiten, Unter- und Tarnorganisationen, die allesamt streng hierarchisch durchorganisiert sind. Von besonderer Bedeutung ist die als „Sea-Org" benannte Abteilung innerhalb von Scientology, die als geistige Elite gilt und nach Angaben von Aussteigern eine paramilitärische Kadertruppe darstellt. Eine Mitgliedschaft in der Sea-Org wird für die Dauer von einer Milliarde Jahren abgeschlossen. Das zeigt, dass in den Visionen von Scientology der Horizont des irdischen Wirkens überschritten wird. An der Spitze der Organisation steht das „Religious Technology Center" (RTC) in Los Angeles, das im Besitz der Urheberrechte und Warenzeichen an Hubbards Werken ist und deren Verwendung streng überwacht. Daneben existiert die Church of Scientology International (CSI), die das Management beherbergt. Über kontinentale Verbindungsbüros erfolgt der Zugriff auf die regionalen Niederlassungen, „Missionen" und „Orgs" genannt. „Celebrity Centers" dienen speziell der Betreuung von Prominenten. Hilfs- und Tarnorganisationen wie „Narconon" (Drogenrehabilitation) und „Criminon" (Resozialisierung im Strafvollzug) und die „Kommission für Verstöße der Psychiatrie gegen die Menschenrechte" (KVPM) sollen Scientology-Technologie in die Gesellschaft tragen, während die oftmals verdeckten Aktionen des „World Institute of Scientology Enterprises"

(WISE) der Verbreitung scientologischer Verwaltungstechnologie in der Wirtschaft, staatlichen Behörden, Verbänden und Medien dienen sollen.

Bei den Mitgliederzahlen gibt es erhebliche Differenzen zwischen den wohl deutlich übertriebenen eigenen Angaben (7 Mill. weltweit, 30 000 in Deutschland) und den von den Landesämtern für Verfassungsschutz mitgeteilten Zahlen von ca. 5 000–6 000 Mitgliedern in Deutschland und ca. 100 000 weltweit. Allerdings ist der Kreis der „Kunden" von Scientology, d. h. die Zahl der Teilnehmer an scientologischen Kursen, größer als die Anzahl der Mitglieder in der International Association of Scientologists (IAS).

b) Lehrgrundzüge

„Eine Zivilisation ohne Geisteskrankheit, ohne Verbrecher und ohne Krieg, in der der Fähige erfolgreich sein kann und ehrliche Wesen Rechte haben können, und in der der Mensch die Freiheit hat, zu größeren Höhen aufzusteigen – das sind die Ziele von Scientology."[6] Diese Beschreibung eröffnet auf dem Deckblatt die Selbstdarstellung der Lehre im Scientology-Handbuch. Sie zeigt bereits deutlich: der so genannten Scientology-Religion geht es nicht um Gott, sondern um die Errichtung einer neuen Zivilisation. Die Verheißungen von Scientology richten sich an die Fähigen, die zu größeren Erfolgen geführt werden sollen, während Geisteskranke und Verbrecher in einem Atemzug genannt und ihnen die Rechte abgesprochen werden. Der Anspruch von Scientology lautet, den Menschen fähiger zu machen und ihn zur absoluten Freiheit zu führen. Die totale Freiheit lasse sich verwirklichen, in dem man Schritt für Schritt seine eigenen Fähigkeiten verbessert. Dies soll auf der „Brücke zur völligen Freiheit" geschehen – so wird das scientologische Kurssystem genannt.

Zentraler Inhalt dieser Kurse ist die Vermittlung und Anwendung des „Auditing", das der Beseitigung psychischer Belastungen, sogenannter Engramme, dienen soll. Engramme gelten als im Unterbewusstsein gespeicherte Schmerzeindrücke, die von dort aus das Empfinden und die Handlungen des Menschen negativ beeinflussen und dazu führen sollen, dass er nicht völlig rational wie eine Maschine funktioniere. Das Löschen der Engramme geschieht beim Auditing in der Weise, dass sich Auditor (= „Zuhörer") und „Preclear" (PC) gegenübersitzen und der Auditor Fragen stellt. Der PC hält dabei die Kolben des Hubbard-E-Meter genannten Lügendetektors in den Händen, der dem Auditor durch Nadelausschläge den Wahrheitsgehalt (genauer: die Emotionalität) bestimmter Aussagen zeigen soll. So sollen belastende Ereignisse in der Vergangenheit aufgespürt und durch wiederholtes detailliertes Erzählen ihres störenden Einflusses beraubt werden. Auf diese

Weise entstehen nebenbei umfangreiche Akten über nahezu alle persönlichen Schwachpunkte jeder Person, die auditiert wird.

Der Fortschritt auf der „Brücke zur Freiheit" im scientologischen Kurssystem ist sehr teuer. Die Preise für Auditing erreichen schnell vier- bis fünfstellige Summen. Harte Verkaufstechniken haben immer wieder dazu geführt, das Scientologen sich hoch verschuldet haben und in der Erwartung utopischer Erfolge in existenzielle wirtschaftliche Probleme geraten sind.

Nach scientologischer Auffassung ist die persönliche Fortentwicklung auf dem Kursweg aber auch für die gesamte Menschheit von Vorteil. Damit verbinden sich politische Herrschaftsansprüche. Nach ihrer Meinung sei Scientology das einzige System, das die Menschheit voranbringen könne. Darum gehöre Scientology an die Regierung. Der Demokratie gegenüber äußerte sich Hubbard ablehnend bis feindlich. Die Verfassungsschutzberichte sehen in Scientology eine reale Gefahr für die freiheitlich-demokratische Grundordnung. Dabei spielen insbesondere eine Rolle:

- das von Verschwörungsdenken und Feindbildern geprägte Weltbild, das z. B. auch demokratische Regierungen nur für Marionetten anderer Mächte hält und insbesondere den Psychiatern die Schuld an allem Elend in der Welt geben will,
- das Menschenbild, in dem der Mensch wie eine Maschine ist, die zu funktionieren hat, das seinen Wert allein an seiner Produktivität misst und daraus einen kompromisslosen Sozialdarwinismus entwickelt,
- die Missachtung des Gleichbehandlungsgrundsatzes (Art. 3 GG), indem nach Hubbards Visionen nur Scientologen Bürgerrechte zustehen sollen („Nur der Ehrliche hat Rechte."),
- die Missachtung der Meinungsfreiheit durch die Ethik-Richtlinien von Scientology, u. a. durch die Ablehnung von Kritik, die Forderung von gegenseitiger Bespitzelung („Wissensberichte") und die Bestrebungen, Kritiker für kriminell bzw. geisteskrank zu erklären und zu isolieren,
- die Aufhebung des Rechtsstaats durch die Richtlinien scientologischer Justiz und politische Vorstellungen, die letztlich in einen totalitären Überwachungsstaat führen würden.

c) Beurteilung aus christlicher Sicht

Scientology – eine moderne Erlösungsreligion? Aufmerksamen Beobachtern kann nicht verborgen bleiben, dass Scientology im Kern einen militärisch organisierten psychotherapeutischen Dienstleistungsbetrieb mit überzogenen Preisen und politischen Herrschaftsansprüchen darstellt, der lediglich nachträglich zur Religion umfrisiert werden soll: Der Patient wird zum Gläubigen, der Auditor zum Geistlichen, die Engramme zur

---

[6] Das Scientology-Handbuch, Kopenhagen 1994, Vorblatt.

Sünde, und Auditing wird als Beichte bezeichnet, Kursgebühren werden zu Spenden und Beiträgen deklariert und das E-Meter zum religiösen Instrument erhoben. Hubbards Lehrsystem ist bezeichnend für die Wünsche, Probleme und Sehnsüchte der modernen Menschen, wobei gerade der mangelnde religiöse Charakter offenbar attraktiv wirkt. Scientology packt den Menschen bei seinen unerfüllten Wünschen und verspricht eine Methode zu deren Erfüllung zu liefern. Nicht Verzicht, Beschränkung und Askese sind hier die empfohlenen Ideale, sondern die Steigerung der eigenen Leistungsfähigkeit. Das passt in die moderne Leistungsgesellschaft. Für Schwache, Kranke oder auch nur Arme ist das System nicht gedacht. Scientologische Prinzipien widersprechen zutiefst dem christlichen Anliegen der Rücksichtnahme auf schwache und kranke Mitmenschen und zeigen eine menschliche Selbstüberhebung, die letztlich Unmenschen erzeugt.

Eine Szene, wie sie immer wieder vorkommt: In der Arbeitsstelle für Weltanschauungsfragen klingelt das Telefon. Am anderen Ende der Leitung meldet sich eine Frau, die sich um einen Familienangehörigen Sorgen macht:

Er war arbeitslos, seit einiger Zeit arbeitet er aber bei so einer Firma, obwohl er wiederum in juristischer Hinsicht als Selbständiger agiert. Dort verkauft er Reinigungsmittel. Seit er dort dabei ist, hat er sich in seinem Wesen sehr verändert. Er wirkt irgendwie fremdbestimmt. Und dann gibt es Seminare, zu denen er immer wieder hinfährt. Wenn er davon zurückkommt, ist es immer besonders schlimm. Er spricht in Formeln, die wie auswendig gelernt wirken, und hat den Sinn für die Realität verloren.

An eine solche Beschreibung schließt sich dann in der Regel die Frage an: „Ist er in einer Sekte?"

a) Das System „Network Marketing"

Ursache dieser Probleme ist ein bestimmtes Vertriebskonzept, das in den letzten Jahren auch in Deutschland immer mehr zugenommen hat und z. T. aggressiv beworben wird: Die Rede ist von „Network Marketing", auch als „Multi-Level-Marketing" (MLM) bekannt. Im Kern geht es dabei darum, dass eine Firma ihre Produkte nicht mehr an Groß- und Einzelhändler liefert, die sie in Läden deponieren, aus denen sie sich die Kunden abholen müssen. Stattdessen baut die Firma ein eigenes Netz von Vertriebsmitarbeitern auf, die versuchen sollen, die Ware direkt an die Kunden zu verkaufen. Dafür sind natürlich sehr viele Vertriebsmitarbeiter nötig. Darum ist jeder Mitarbeiter gefordert, nicht nur die Produkte der Firma zu verkaufen, sondern selbst wiederum neue Vertriebsmitarbeiter zu werben. Gelingt ihm dies, so wird er über ein fein abgestuftes Provisionssystem an allen Umsätzen der von ihm geworbenen neuen Verkäufer beteiligt. Da diese neuen Verkäufer ebenfalls nicht nur verkaufen, sondern auch Verkäufer werben sollen, entsteht ein Pyramidensystem, das um so mehr Gewinn bringt, je umfangreicher und aktiver die eigene „Downline", d. h. der Zweig, der von dem jeweiligen Vertriebsmitarbeiter geworbenen und betreuten Verkäufer, ist. Das führt zum Teil dazu, dass erfolgreiche Vermittler selbst so gut wie gar keine Produkte mehr verkaufen, sondern sich nur noch um die von ihnen geworbenen Mitarbeiter kümmern.

Eine wesentliche Rolle in der Mitarbeitergewinnung und -betreuung nehmen Seminare zur Vermittlung grundlegender Verkaufstechniken und zur Motivation der neu geworbenen wie auch der langjährigen Mitarbeiter ein. Dies sind Veranstaltungen, in denen der Erfolg inszeniert und gefeiert wird. Diejenigen, die in der Hierarchie des Bonus- und Prämiensystems schon weit aufgestiegen sind, werden in all ihrem neu gewonnen Reichtum vorgeführt. „Seht, das könnt ihr auch erreichen, wenn ihr euch richtig anstrengt." ist die Botschaft, die bei den Teilnehmern ankommen soll. Und wer wünscht sich nicht, auch einmal dort oben stehen zu können, scheinbar aller Sorgen ledig, auf der Welle des Erfolgs schwimmend die Früchte der harten Arbeit zu genießen? Diese Seminare können mitunter gottesdienstlichen Charakter annehmen. Es gibt gemeinsame Gesänge, Einweihungsritualen ähnliche Beförderungen auf höhere Provisionsstufen, motivierende Ansprachen und Übungen zur Stärkung des Gemeinschaftsgefühls. Der Gott, der hier verehrt wird, ist der Erfolg. Das Glaubensbekenntnis dazu ist allerdings recht gottlos und lautet: „Für deinen Erfolg oder Misserfolg bist allein du verantwortlich." – oder, häufiger positiv formuliert: „Du kannst alles schaffen, du musst es nur wollen." Das System ist perfekt, das Scheitern liegt immer nur am Individuum. Es gebe eben Gewinner- und Verlierertypen. Wer jetzt einsteigt, ist ein Gewinner. Kritiker sind nur die neidischen Verlierer. Das Ziel dieser Veranstaltungen ist eindeutig: Anpassung der eigenen Wertevorstellungen an die Firmenideologie mit dem Zweck der Motivation zu neuer Aktivität im Vertrieb.

Diese ist auch bitter nötig, denn im Alltag sieht das Geschäft oft weit weniger rosig aus als bei den aufwändig inszenierten Motivationsveranstaltungen. Am Anfang kann man als neu eingestiegener Verkäufer noch alle seine Bekannten und Verwandten von den tollen Vorzügen der Produkte gerade dieser Firma überzeugen. Irgendwann sind diese aber so gesättigt, dass man ihnen nichts mehr verkaufen kann. Es müssen neue Kontakte her. Systematisch wird das gesamte bisherige Lebensumfeld nach potentiellen Geschäftspartnern abgesucht. Am besten sind natürlich solche Freunde oder Bekannte, die man auch zu Verkäufern werben kann. Damit verschieben sich oft die Schwerpunkte. Für bisherige Freundschaften, die sich nicht in Geschäftskontakte umwandeln lassen, bleibt oft schlicht keine Zeit mehr. Network Marketing ist ein hartes Geschäft, das vollen Einsatz verlangt. Dafür winkt am Ende großer Reichtum, aber der muss erarbeitet werden. Konkret heißt dies: Kontakte suchen, Kontakte pflegen, sich nicht abwimmeln lassen, überzeugen, und wo das nicht gelingt, wenigstens überreden. Menschliche Regungen und Rücksichten sind da oft eher störend. Was zählt, ist der Erfolg. Für den ist jeder selbst verantwortlich.

b) Konflikte

Probleme sind vorgezeichnet, wenn auf diese Weise ehemalige Hausfrauen, arbeitslose Handwerker oder gestrandete Akademiker, die nicht zum Außendienstvertreter geboren sind, in das System geworben werden. Diese haben dann irgendwann den eigenen Keller voll mit Produkten der Firma, die sie natürlich selbst bezahlt haben, aber nicht mehr absetzen können. Der Bekanntenkreis ist gesättigt und neue Kontakte kosten viel Mühe und Überwindung. Sieger in diesem Kampf bleibt aber nur, wer die stärkeren Nerven behält, wer rücksichtsloser agieren kann, wer hartnäckiger ist als sein Geschäftspartner. Freundschaften sind diese Geschäftsbeziehungen dann in der Regel nicht mehr.

Ein Ausstieg aus diesem Pyramidensystem ist juristisch relativ problemlos, menschlich aber ausgesprochen schwierig. Wer schon ein paar Jahre dabei ist, hat enorm viel Zeit und Kraft investiert, die sich jetzt erst langsam zu amortisieren beginnt. Endlich ist ein kleines Netz von Weiterverkäufern aufgebaut. Die Umsätze kommen zwar nicht in der Größenordnung, wie sie einst erwartet waren, aber es kommen welche, und damit auch die Provisionserlöse, die dringend benötigt werden, um die eventuell aufgelaufenen Schulden zu bezahlen. Jedes Geschäft erfordert Investitionen. Dazu kommt die moralische Aufwertung in den Seminaren. Das fein abgestufte System von Auszeichnungen, Ansteckern, Rangabzeichen usw. stellt ein Belobigungssystem für den individuellen Erfolg dar, das innerhalb der Firma große Anerkennung verspricht, außerhalb aber völlig wertlos ist. Wer das Vertriebssystem verlässt, muss nicht nur einen wesentlichen Teil seiner Investitionen und Arbeitszeit abschreiben, sondern fällt oft auch in ein soziales Loch. Dies ist umso größer, je mehr bisherige Freundschaften in Geschäftskontakte umgewandelt wurden.

Nicht alle Strukturvertriebe sind in gleicher Weise problematisch. Amway gehört zu den am häufigsten mit Problemanzeigen verbundenen MLM-Unternehmen. Zu Tupperware sind demgegenüber noch keine kritischen Berichte bekannt geworden. Das Verhältnis zwischen Produktverkauf und Mitarbeiterwerbung scheint dabei wichtig zu sein: um so breiter die Vertriebsstruktur und das Provisionssystem, desto eher sind Probleme zu erwarten. Wenn sich über Mitarbeiterwerbung mehr Geld verdienen lässt als mit den Produkten, muss das System schon rein mathematisch scheitern. Je mehr die Produkte im Mittelpunkt stehen, für die qualifizierte Vertriebspartner benötigt werden, desto weniger Konflikte sind zu beobachten. Aufmerksamkeit für die inneren Strukturen und die Psychodynamik des Systems ist aber in jedem Fall angebracht.

c) Motivation ist alles? (Beurteilung)

Auch außerhalb der Treffen der Vertriebsorganisationen gibt es ähnliche Motivationsveranstaltungen im Geschäftsumfeld bei denen Motivationstrainer ihren Kunden versprechen, sie könnten den Erfolg „machen". Das Problem ist hier vor allem die Übertreibung und die Häufung irrealer Versprechungen. Ohne Frage ist die Motivation eines Mitarbeiters von großer Bedeutung für die Arbeitsleistung. Für wirklichen Erfolg sind aber noch viele andere Faktoren ausschlaggebend. Wenn alles allein von der persönlichen Motivation abhängen soll, dann ist man im Falle des Scheiterns auch immer selbst daran Schuld. Dann ist ein neuer Kurs beim Motivationstrainer fällig, der das Problem aber nicht löst, sondern nur verschärft.

Problematisch ist auch die mit religiöser Inbrunst in den Seminaren vermittelte Ideologie: Heil und Glück wird materiellem Reichtum schlicht gleichgesetzt, ein früheres Leben schnell pauschal als erfolglos abgewertet. Glück und ein erfülltes Leben entstehen aber nicht durch Reichtum und Macht. Echte Freundschaften sind wertvoller als Wohlstand.

2.5 Esoterik

Während klassische Großsekten in den letzten Jahren an Einfluss und Bedeutung verloren haben, ist der Markt der Anbieter auf dem Esoterik- und Psychomarkt immer vielfältiger und unübersichtlicher geworden.

Esoterik ist mittlerweile ein Sammelbegriff für sehr verschiedene Vorstellungen und Verfahren. Die traditionelle Bedeutung des Wortes im Sinne von „Geheimlehren", die nur einem kleinen, inneren Kreis von Eingeweihten zugänglich sind, ist durch den modernen Esoterikmarkt ad absurdum geführt worden. Esoteriker retten das Wort, in dem sie diese Bezeichnung nicht mehr auf eine Gruppe, sondern auf einen Weg beziehen: Esoterik (von griech. esoterikos = innerlich, nach innen) sei auf Erkenntnisse im Inneren des Menschen bezogen.

Im Esoterikmarkt ist zwischen Gebrauchsesoterik und Systemesoterik zu unterscheiden, auch wenn sich beide Richtungen mitunter überlagern. Gebrauchsesoterik ist auf diversen Esoterikmessen und in esoterischen Läden anzutreffen. Sie ist marktförmig gestaltet und handelt mit Produkten, die auf den schnellen Erfolg und zur Linderung diverser irdischer Probleme ausgerichtet sind. Energiepyramiden und heilende Edelsteine, Feng-Shui-Windspiele und Tesla-Platten, Orgon-Energie-Strahler und tachyoenergetisierte Produkte – sie alle versprechen verborgene und angeblich gestörte Energieflüsse auf geheimnisvolle Weise wieder aktivieren zu können und damit ihren Besitzern Gesundheit, Glück, Harmonie und Lebensfreude zu verschaffen.

Systemesoterik ist demgegenüber nicht so vordergründig kommerziell orientiert, sondern entwickelt z.T. komplexe weltanschauliche Systeme, die von ihren Anhängern mit selbstloser Hingabe vertreten und verbreitet werden. Theosophie und Anthroposophie sind ebensolche systemesoterischen Entwürfe wie z. B. Erdheilgruppen, die ökologische Bemühungen auch auf den durch städtebaulicher Architektur mutmaßlich gefährdeten Lebensraum von Elfen, Feen, Gnomen und Erdgeistern ausdehnen wollen oder Channeling-Gruppen, die hohe Weisheiten kosmischer Wesenheiten den Menschen auf dem Planeten Erde zu ihrer Rettung vermitteln möchten.

Strukturelle Grundzüge des Esoterikmarktes sind:

- die Organisation als Szene und Netzwerk, nicht als Gemeinde: Es gibt einzelne Events, Seminare, Veranstaltungen, zu denen man hinfährt, aber keine kontinuierliche und flächendeckende Betreuung. So bilden sich aus lockeren Anhängerkreisen so genannte Klientenreligionen um esoterische Heiler, spiritistische Medien oder erfolgreiche Buchautoren.
- eine betonte äußerliche Unverbindlichkeit: Es werden keine Mitgliedschaften oder Glaubensbekenntnisse gefordert, sondern die Verbindlichkeit wird mit der Begleichung der Seminargebühr (scheinbar) erledigt.
- eine betonte inhaltliche Universalität: Die Lehren werden nicht exklusiv verstanden (es gebe viele Wege zum Heil/zur Erkenntnis), nicht selten wird behauptet, die dargebotenen Lehren ließen sich universell in jedes Glaubenssystem einfügen. (Vgl. S. 12 f.)
- ein starker Bezug auf die individuelle Erfahrung: Eigenes Erleben wird über rationales Erkennen oder intellektuelles Analysieren gestellt. Starker Erfahrungsbezug kann als das zentrale Merkmal der Esoterikszene angesehen werden.

Inhaltlich wendet sich esoterische Weltanschauung (z.T. durchaus zu Recht!) gegen Einseitigkeiten bisheriger Welt- und Naturbetrachtung, insbesondere gegen

- Materialismus, der allein dinglich-fassbaren Elementen, die man zählen, wiegen und messen kann, Existenzrecht zugesteht,
- Rationalismus, der allein verstandesbetont zu Wer-

ke geht und dabei die Rolle von Emotionen und Gefühlen ignoriert, und
- Scientismus, der in der Beschränkung auf wissenschaftlich nachweisbare Zusammenhänge die Wirklichkeit beschneidet.

Dagegen setzt die Esoterik das Postulat eines Urwissens, das schon immer in den Menschen vorhanden sei und nur entdeckt bzw. durch esoterische (Selbst-)Erkenntnisprozesse freigesetzt werden müsse. Dieses Urwissen wird in der theosophischen Spekulation auch in den Religionen vermutet, wobei eine angeblich ursprüngliche Einheitsreligion konstruiert wird, die (natürlich) mit der theosophischen Doktrin identisch sei. Dieses Postulat eines Urwissens hat verschiedene Folgen:

Esoterische Methoden, Bücher und Verfahren gelten in der Regel nicht als neu, sondern stets als wiederentdeckte Elemente angeblich uralter und zwischenzeitlich verschütteter und vergessener Erkenntnisse. Das ist insofern logisch, da es nach esoterischem Verständnis gar keinen wirklichen produktiven Erkenntnisfortschritt der Wissenschaften gibt. Alles wahre Wissen sei ja bereits irgendwo im Inneren existent und verborgen. Es gibt nur individuell verschiedene Grade der Aneignung dieses immer schon vorhandenen Wissens.

Esoterische Wahrheitskriterien sind folglich nicht intersubjektiv. Sie benötigen zu ihrer Anerkennung nicht den Konsens verschiedener Wissenschaftler, die an einer Sache forschen, sondern nur die jeweils eigene individuelle Zustimmung. Auf diese Weise breitet sich in der Esoterikszene eine irrationale Beliebigkeit aus, die immun gegen äußere Kritik wird. Wer bestimmte Meinungen und Überzeugungen nicht teilt, der sei eben noch nicht auf diesem geistigen Entwicklungsniveau angekommen, von dem aus man diese Dinge beurteilen könne.

Von besonderer Brisanz ist das ambivalente Verhältnis der Esoterik-Szene zur Wissenschaft. Einerseits wird die zeitgenössische Wissenschaft deutlich abgelehnt. Man möchte ihre Einseitigkeit überwinden, ihre Grenzen überschreiten (oder wie bei der Anthroposophie als „Geisteswissenschaft" darüber hinaus erweitern) und operiert programmgemäß in einem Bereich außerhalb der modernen Wissenschaft. Dies zeigt sich z. B. in der verbreiteten Ablehnung der Trennung von Geist und Materie (Denken und Ausdehnung), die der französische Philosoph René Descartes in die Wissenschaftsdebatte eingebracht hat. Stattdessen wird meist ein weltanschaulicher Monismus vertreten, nach dem alle Daseinsformen letztlich verschiedene Schwingungsformen der einen Urenergie darstellen und darum „irgendwie" alles mit allem zusammenhängt. Folglich könne sich auch alles durch Analogien und Entsprechungen gegenseitig beeinflussen, wie es in dem hermetischen Grundprinzip „wie oben, so unten" ausgedrückt wird.

Andererseits wird überwiegend und ohne Hemmungen Wissenschaftlichkeit für die eigenen Überzeugungen in Anspruch genommen. Zahlreiche esoterische Anschauungen und Methoden werden nicht als Glaubensgegenstände, sondern als quasi naturwissenschaftlich erwiesene Fakten präsentiert. Eine Begegnung esoterischer Glaubensüberzeugung mit anderen religiösen Glaubensüberzeugungen auf gemeinsamer Augenhöhe wird so verhindert. Die religiöse Dimension einer Reiki-Einweihung oder einer Yoga-Übung wird oft heruntergespielt oder gar geleugnet.

Zum Umgang mit der Esoterik empfiehlt sich eine zweistufige Beurteilung. Zu unterscheiden sind

1. die allgemeine Wirksamkeitsplausibilität und
2. die Beurteilung vom Standpunkt des christlichen Glaubens.

Beide Faktoren sind voneinander unabhängig. Beim ersten Punkt geht es darum zu prüfen, ob und inwieweit eine bestimmte esoterische Methode in ihrem Wirkprinzip im Rahmen des eigenen Welt- und Menschenbildes überhaupt nachvollziehbar erscheint. Es geht darum, die Frage zu stellen: „Wie soll das eigentlich funktionieren?" und zu prüfen, wie viel an anderer Religion bzw. weltanschaulicher Überzeugung im Vorhinein akzeptiert werden müsste, damit eine behauptete Wirkung erst plausibel wird. Tarot-Karten wie Bach-Blüten-Therapie haben z. B. den erwähnten weltanschaulichen Monismus zur Voraussetzung, nachdem alles mit allem zusammenhängt. Diagnosen durch Aura-Fotografie setzen voraus, dass der Mensch eine Aura hat – und diese fotografierbar ist. Hier ist durchaus der kritische Verstand gefragt.

Davon zu unterscheiden ist die Beurteilung der Verträglichkeit mit dem Grundkriterium des christlichen Glaubens: dem Glauben an die Erlösung durch Tod und Auferstehung Jesu Christi. Dies darf nicht mit dem ersten Punkt vermengt werden, denn die Theologie ist nicht mit einem bestimmten Stand der Naturwissenschaft verheiratet. Für den Glauben ist vieles möglich, was naturwissenschaftlich inakzeptabel erscheint. Eine solche Prüfung kann Gegensätzlichkeiten zu Tage fördern wie z. B. zwischen dem Konzept des Karma (im Rahmen der Reinkarnationsvorstellung) und der theologischen Aussage von Gnade und Vergebung. Sie kann auch ergeben, dass keine direkten Auswirkungen auf den Glauben bestehen, wie z. B. bei der klassischen Homöopathie. Ob die Globuli durch das Potenzieren wirksamer werden oder nicht, ist unter 1. zu entscheiden, für den Erlösungsglauben hat das keine Konsequenzen. Hilfreich kann dabei die Leitfrage sein: „Welches Heil wird von wem erwartet?" Suche ich z. B. gesundheitliche Besserung mit Mitteln der Schöpfung (z. B. Heilkräutern), gibt es keine Probleme. Soll hingegen die Ausrichtung auf den Kosmos, eine vergöttlichte Natur oder die universelle Energie meine Seele ins Gleichgewicht bringen, werden religiöse Bereiche berührt.

Die zweistufige Beurteilung und diese Leitfrage kann helfen, sowohl Offenheit für neue Möglichkeiten und Therapieformen aufzubringen, als auch unsinnigen und irreführenden Versprechungen des Esoterikmarktes zu widerstehen.

Der Religionsunterricht erfordert je nach Inhalt und Situation spezifische didaktische Ansätze. „Religionsdidaktik" ist daher in einem weiten Sinne ein Konglomerat von Literaturdidaktik, Geschichtsdidaktik, Kunstdidaktik, Symboldidaktik und spezifischen Didaktiken wie biblische Didaktik, theologische Didaktik und religionskundliche Didaktik.

Ähnliches gilt für den Ethikunterricht, wobei hier philosophische Ansätze anstelle theologischer zum Tragen kommen.

Die Frage ist, in welcher Weise beim Thema Sondergemeinschaften(SG)/Sekten verschiedene didaktische Zugänge ausgewählt und „Fachdidaktiken" sinnvoll einbezogen werden können. Maßgeblich dafür ist eine Zielorientierung für die angestrebten Lernprozesse, die sich
a) aus der Spezifik des Themas selbst,
b) aus dem Selbstverständnis des jeweiligen Faches (Religion/Ethik) und
c) aus den Bildungsbedürfnissen bzw. -erfordernissen der Lerngruppe in ihrer spezifischen Situation ergeben.

Anhand solcher Zielorientierungen sollen im Folgenden didaktische Leitlinien für die Behandlung der Thematik Sondergemeinschaften/Sekten entwickelt werden. Die Behandlung des Themas ist im Religionsunterricht meistens ab Klassenstufe 8 vorgesehen. Viele der hier genannten didaktischen Leitziele erfordern aber ein hohes Differenzierungsvermögen. Dieses muss schrittweise erlernt werden und wird curricular bis in die gymnasiale Oberstufe hinein geschehen. Das schließt keineswegs aus, dass auch schon in früheren Klassenstufen über religiöse Gemeinschaften informiert und reflektiert wird. Hier sollte man es sinnvoller Weise an aktuelle Fragen anschließen. Die Leitgedanken zeigen auch die Möglichkeiten für eine Verknüpfung mit kirchengeschichtlichen und systematisch-theologischen Themen auf.

Didaktische Leitgedanken

> → Begriff und Phänomene „Sekte", „religiöse SG" im Vergleich zu „Kirche", „Religion" kritisch untersuchen und zu einem qualifizierten Sprachgebrauch finden

Die grundlegende Klärung der oft unreflektiert verwendeten Begriffe „Sekte" und „Sondergemeinschaft" ist eine wichtige Voraussetzung für das Verstehen der historischen und systematischen Zusammenhänge, in denen sich die Diskussion bewegt. Es wird sehr bald deutlich werden, dass sich der „klassische" Sektenbegriff, der eine durch „Irrlehren" von einer großen Kirche abgespaltenen Gemeinschaft meint, überholt hat. Die Phänomene der kleineren religiösen Gemeinschaften sind viel differenzierter und oft nur als ein komplexes Geflecht von Motiven und Entstehungssituationen zu verstehen. Da in der Öffentlichkeit aber weiterhin von Sekten gesprochen wird, muss man sich darüber im Klaren sein, was damit genau gemeint ist und dass es eigentlich kein wissenschaftlich gebrauchsfähiger Begriff, sondern eher eine polemische Bezeichnung ist. Hilfreich ist eine Verständigung über alle Begriffe, mit denen Religionen und Religionsgemeinschaften bezeichnet werden, um den Entstehungshintergrund und auch mögliche polemische oder apologetische Begriffsverwendungen zu klären. In der wissenschaftlichen und öffentlichen Diskussion sollte insoweit ein qualifizierter Sprachgebrauch vorherrschen, dass man sich der Problematik der Begriffe bewusst ist und eher auf bezeichnende Charakteristika einer Religionsgemeinschaft zurückgreift, um diese darzustellen und zu beurteilen. Ziel einer solchen Beschäftigung mit den Begriffen muss es also sein, die Schüler zu einem Problembewusstsein und einem angemessenen Differenzierungsvermögen zu führen.

> → Motive der Gründung und Gründungsperson einer SG verstehen

Inhaltlich geht es hierbei um die Darstellung der Gründungssituation der SG unter besonderer Betrachtung der Biographie der Person, die allein oder maßgeblich die SG ins Leben gerufen hat. Eine vergleichende Betrachtung von Gründungspersonen christlicher SG macht z. B. offensichtlich, dass die Motive Kirchenkritik, „Wahrheitssuche", „Bibelforschung", gepaart mit einem Selbstbewusstsein als auserwählte oder inspirierte Person, sehr oft anzutreffen sind. Die Biografie und Individualität der Persönlichkeit muss dabei in die Situation der Zeit eingeordnet werden. Z. B. unterstützt eine wirtschaftlich unsichere oder eine von Krieg bedrohte Zeit die Suche nach einer besonderen göttlichen Offenbarung, die man den Menschen als (vermeintliche) Heilsbotschaft bringen kann. Enttäuschungen hinsichtlich der Organisation und Wirksamkeit der verfassten Kirchen ist ein weiteres starkes Motiv, das Erwählungsbewusstsein und Separationsgedanken fördert. Deshalb ist im Unterricht ein kirchengeschichtliches Vorwissen unumgänglich, es sei denn das Thema der SG wird im Rahmen einer kirchengeschichtliche Epoche behandelt. Das ist z. B. für die christlichen SG des 18. und 19. Jahrhunderts gut möglich. Etwas anders stellt sich die Situation im 20. und 21. Jahrhundert dar. Sog. „Neureligionen" und religiöse Bewegungen sind nicht mehr Abspaltungen von großen Kirchen, sondern oft eigene Konstrukte aus Versatzstücken verschiedener religiöser Traditionen. Esoterische Gruppen aber auch Scientology sind Beispiele dafür. Wenn Gründerpersonen auszumachen sind, dann kann wiederum anhand deren Biografie und der Zeitumstände nach Motiven für die Gründung der Gemeinschaft gesucht werden. In jedem Falle setzt diese Herangehensweise voraus, dass verlässliches Material zur jeweiligen Biografie und Gründungsgeschichte vorhanden ist. Didaktisch fruchtbar ist eine vergleichende Diskussion von Eigendarstellung der SG und kritischer religionswissenschaftlicher Geschichtsschreibung. Das Problem der Nachprüfbarkeit der Quellen ist allerdings manchmal nicht lösbar. Vor allem, wenn entsprechende Darstellungen dem Internet entnommen werden (was methodisch eine effektive, weil leicht zugängliche Quelle ist), müssen die Schüler zu einer kritischen Prüfung der Darstellungen angehalten werden. Für die Kenntnisnahme der Eigendarstellung der SG ist das Internet in jedem Falle geeignet. Ohne verlässliche kritische Literatur (z. B. Standardwerke und Lexika über Kirchen, SG und Sekten) ist eine kritische Diskussion aber nicht möglich. Aussteiger- und Betroffenenberichte, sie sich im Internet zur Genüge finden, haben ihren eigenen Wert darin, einen Perspektivwechsel von der SG zu den „Betroffenen" zu vollziehen, sind aber nicht immer für eine sachliche Auseinandersetzung mit den Motiven und Inhalten der SG geeignet.

Dieser didaktische Ansatz bei den Gründungs- und Gründermotiven erschöpft sich aber nicht in der Wahrnehmung historischer Umstände und Entwicklungen, sondern soll zum Nachdenken darüber anregen, inwie-

weit diese Motive heute noch eine Rolle spielen. Z. B. wird es immer kritische Haltungen und Meinungen zu den großen Kirchen und ihrer Wirksamkeit geben. Wie gehen Menschen, die diesen Kirchen angehören damit um? Gibt es andere Möglichkeiten, als eine „Sekte" zu gründen? Andererseits: Wie gehen z. B. Christen mit denen um, die neue Ideen, reformerische Ansätze, vielleicht aber auch eine exzentrische Persönlichkeit in die Kirche einbringen? Wie integrations- und toleranzfähig ist eine Religionsgemeinschaft? Die Reflexion über die Motive der Gründung einer SG kann also dazu helfen, eigene Auseinandersetzungen und Konfliktlagen gegenüber von Religionsgemeinschaften und deren Glaubensinhalten und Praxis konstruktiv zu führen, indem Motive und berechtigte Anliegen offen gelegt und in einen Diskurs gebracht werden.

> ➔ Entstehungs- und Entwicklungsgeschichte einer SG nachzeichnen können und verstehen

Dieser Zugang zum Thema der SG kann mit dem ersten verbunden werden. Er hat aber ein eigenes Anliegen: Nun geht es um die weitere Entwicklungsgeschichte der SG, die ausgehend von einer kleinen Gruppe um die Gründerperson und vielleicht angespornt von besonderen Umständen zu einer beständigen Struktur gelangt und institutionelle Züge annimmt. Beispielhaft kann man an den christlichen Gemeinschaften mit ausgeprägter Naherwartung des Weltendes zeigen, dass sie über die Enttäuschungen der nicht eintretenden Wiederkunft Christi zwar immer wieder in Krisen geraten, aber diese überstehen und sich konsolidieren. Die Entwicklungsgeschichte einer religiösen Gemeinschaft steht damit paradigmatisch für die Frage nach den historischen, sozialen, kulturellen und individuellen Umständen, die für die weitere Verlaufsgeschichte der Gemeinschaft wichtig wurden und die möglicherweise für eine Stabilisierung und für Veränderungen verantwortlich waren. Die gleiche Fragestellung gilt für die Geschichte der christlichen Kirche – wobei hier der Singular gar nicht gebraucht werden kann, denn wir haben es von frühester Zeit an mit einer wachsenden Zahl von sich differenzierenden Kirchen zu tun. Wenn historische und soziale Umstände einigermaßen geklärt werden können, dann bleibt die theologische Frage spannend: Wie sieht der „Stammbaum" des Christentum aus? Nach welchen Kriterien sind Gemeinschaften am Stamm oder haben sich von ihm gelöst? Was bedeutet das Ökumenische Bild von der „Einheit in der Vielfalt"?

An ausgewählten Beispielen, wie der Mormonenkirche, können diese Fragen diskutiert und aus verschiedenen Perspektiven beleuchtet werden. Eines der Beurteilungskriterien für SG und Sekten, nämlich ob diese ökumenische Beziehungen unterhalten und sich als Teil der Ökumene, d. h. des Leibes Christi sehen, ist hier besonders zu beachten.

Für nichtchristliche Gemeinschaften kann diese Frage hinsichtlich des interreligiösen Dialogs gestellt werden. In den meisten Fällen wird aber die Suche nach historischen, kulturellen, sozialen und psychologischen Motiven aufschlussreich genug sein.

> → Lehraussagen einer SG zur Kenntnis nehmen und beurteilen können

Wesentlich für die Identifikation einer religiösen SG oder Sekte ist neben deren Entstehungsgeschichte ihre Lehre. Über die Lehre ist eine Klassifikation und Zuordnung zu einer religiösen bzw. theologischen Tradition möglich. Andererseits zeigen die Lehrbesonderheiten das theologische Konfliktpotential, das auf der Sachebene eine Auseinandersetzung ermöglicht. Oftmals liegen nämlich die Hauptkonflikte bezüglich so genannter Sekten oder „konfliktträchtiger Gruppen" nicht auf der Ebene der Lehraussagen, sondern auf der Ebene des Umgangs mit Menschen, z. B. durch die Ausübung von struktureller Gewalt und psychologischer Manipulation. Dabei spielen Lehren auch ein Rolle, vor allem dann, wenn es exklusive Heilslehren sind, aufgrund derer der Mensch dieser Gruppe und ihrer Hierarchie bedingungslos ausgeliefert ist. Deshalb ist es wichtig, die Lehren genau zu prüfen, um zu einem qualifizierten Urteil über das Selbstverständnis, den Lehrhintergrund und die Absichten und Ziele der Gemeinschaft zu gelangen. Bei den Gemeinschaften mit christlichem Hintergrund ergeben sich dabei viele Möglichkeiten, christlich-theologische Lehren zu reflektieren und den Anspruch der SG auf bestimmte exklusive Wahrheiten zu prüfen. So kann am Beispiel der Neuapostolischen Kirche der Frage nach der Bedeutung des Apostolats im NT und in der Geschichte der Alten Kirche nachgegangen werden. Die Lehre der Zeugen Jehovas lädt geradezu ein, sich mit christlicher Apokalyptik und Eschatologie zu befassen und sie ins Verhältnis zum Evangelium Jesu Christi zu setzen.

Die Auseinandersetzung mit den Lehren von SG kann aber nur gelingen, wenn man zunächst versucht, diese genau zur Kenntnis zu nehmen und die Argumentation zu verstehen. Es ist also unumgänglich, Originalliteratur und Selbstdarstellungen einzubeziehen. Diese Arbeitsweise stellt einen hohen Anspruch an die Lerngruppe. Deshalb sollte man nur mit wenigen exemplarischen und typischen Beispielen arbeiten. Selbstdarstellungen, die meist über das Internet leicht zugänglich sind (vorausgesetzt, es handelt sich um eine „offizielle", also von der religiösen Organisation selbst autorisierte Seite) sollten mit Darstellungen aus der kritischen Literatur verglichen werden. Für die theologischen Themen, die sich aus den Sonderlehren ergeben, sind möglicherweise Exkurse in die christliche Dogmatik und Theologiegeschichte nötig. Insofern hat dieser Aspekt, der die Lehre betrifft, seinen Platz vorwiegend in der Sekundarstufe II und in der Erwachsenenbildung, wenn man wirklich zu qualifizierten und differenzierten Auseinadersetzungen kommen will. Eine Reihe von Sonderlehren birgt eine Menge Diskussionsstoff über christliche Glaubensaussagen und deren Entstehung in der Geschichte der Kirche. Nicht ohne Grund entstehen die meisten christlichen SG auf Grund von Lehrstreitigkeiten mit den großen Kirchen.

Diese Anforderung an die Lerngruppe ist wahrscheinlich noch höher, wenn es sich um nichtchristliche Gruppen und Bewegungen handelt. Hier geht es ja zunächst darum, den religiösen Kontext zu verstehen, der z. B. im Hinduismus, Buddhismus oder in chinesischer Religiosität liegen kann. Verlässliche und gut verständliche religionswissenschaftliche Darstellungen sind daher unverzichtbar. Auch hier sollte man sich der bewährten didaktischen Prinzipien des Exemplarischen und Fundamentalen bzw. des Typischen bedienen, um die wesentlichen Anliegen der Lehre zu verstehen und beurteilen zu können. Jede Kritik muss dann offen legen, von welchem Hintergrund her sie geschieht. Wenn ich eine „Sekte" mit hinduistischen Sonderlehren aus christlicher Sicht kritisiere, muss ich mich erst genau über Begriffe und Vorstellungen verständigen, um nicht Vorurteile statt Urteile zu produzieren.

> → Glaubensüberzeugungen und -praktiken einer SG zur Kenntnis nehmen und beurteilen können

Lehraussagen der „offiziellen" Gemeinschaft und Glaubensüberzeugungen einzelner Mitglieder müssen z. T. unterschieden werden. Bei letzteren geht es stärker um individuelle Haltungen einzelner Anhänger der Gemeinschaft. Auch wenn bestimmte Sonderlehren der Gemeinschaft unter theologischen und anthropologischen Gesichtspunkten zu kritisieren sind, ist die Glaubenshaltung von Menschen zu respektieren. Es stellt sich die Frage: Was ist ihnen ihre Religion wert? Wie leben sie nach ihrer Überzeugung?

Eine solche Unterscheidung zwischen Lehre und Haltung ist ein wichtiger Aspekt der viel zitierten Toleranz. Fragwürdige und womöglich sogar gemeinschaftsschädigende Lehren müssen nicht toleriert werden, sondern gehören in einen Diskurs – sofern die Autoritäten der Gemeinschaft überhaupt an einem Diskurs interessiert sind. Hingegen kann die gelebte Glaubensüberzeugung von einzelnen Mitgliedern zum Ausgangspunkt eines ganz anderen Dialogs werden, nämlich über die Frage, was uns im Leben etwas wert ist, woran wir uns orientieren, welche Autoritäten wir anerkennen. Wenn ein solcher Dialog wenigstens ansatzweise gelingt, ist das ein gutes Zeichen für den

Umgang mit Menschen, die einer religiösen SG oder „Sekte" angehören und wird sich auch auf deren Verhalten auswirken. Zum Beispiel gibt es immer mehr Erfahrungen mit Zeugen Jehovas, dass ab und zu echte Gespräche mit ihnen möglich sind, nachdem sie lange Zeit ein Musterbeispiel dafür waren, dass kein Dialog geführt, sondern nur „Zeugnis gegeben" wird. Gerade wenn sich der Dialog mit der Führung einer Gemeinschaft als sehr schwierig herausstellt, sollten einzelne Anhänger als Menschen wahrgenommen werden, die – aus irgendeinem Grunde, und sei es mentale Abhängigkeit – nach diesen Überzeugungen leben.

> → Möglichkeiten und Grenzen von Toleranz, Dialog und gemeinsamen Handeln reflektieren und zu einem qualifizierten Urteil gelangen

Aufbauend auf der Wahrnehmung der Überzeugungen und Lebenspraxis von Mitgliedern sog. SG und Sekten kann nun auch nach den Möglichkeiten des Zusammenlebens gefragt werden. Das Problem dabei ist, dass sich Gemeinschaften, die der Definition „konfliktträchtige Gruppierung" entsprechen, meistens Beziehungen zu anderen Gemeinschaften ablehnen und sogar soziale Kontakte nach „außen" unterbinden. Hier wird es kaum eine Möglichkeit geben, in irgendeinem Bereich zu einem gemeinsamen Handeln zu kommen, das im weitesten Sinne der christlichen Ökumene entspräche. Diese Möglichkeit ist aber bei älteren SG durchaus gegeben, wenn man das oben genannte Prinzip der Unterscheidung zwischen Organisation und Mensch deutlich macht. Auf menschlicher Ebene, z. B. in der Nachbarschaft, an der Arbeitsstelle, in der Schule ist gemeinsames Handeln nicht nur möglich sondern auch nötig. Das sind gute Gelegenheiten, mehr über die Menschen und ihre Überzeugungen zu erfahren und gleichzeitig auch die Grenzen auszuloten, die sich auf Grund der besonderen Überzeugungen und Traditionen ergeben. Das führt letztlich zu einem differenzierten und qualifizieren Urteil über die Gemeinschaft und ihre Anhänger.

> → Die Perspektive von Betroffenen und „Aussteigern" wahrnehmen und diese mit der Selbstdarstellung von SG vergleichen, um zu einem qualifizierten Urteil über Anspruch und Wirklichkeit der SG zu gelangen

Oftmals wird eine religiöse Gemeinschaft erst durch die Berichte von Menschen, die die Gruppe verlassen haben (sog. Aussteiger) als „konfliktträchtig" erkannt. Hierbei zeigt sich ein wichtiges Merkmal solcher konfliktträchtigen Gemeinschaften: Sie erreichten eine feste innere Struktur, an die sich die Mitglieder anpassen müssen. Die strukturelle Gewalt kann in einem Personenkult, in einer festen Gruppenhierarchie, in Ein-

weihungsgraden, in Androhung von Heilsverlust, aber auch in psychischer und körperlicher Gewaltausübung bestehen. Da mit solchen Strukturen fast immer eine Abschottung von außen verbunden ist, sind dementsprechende Aussagen von ehemaligen Mitgliedern nur schwer zu bestätigen, da sie von der Leitung der Gemeinschaft abgestritten werden. Musterbeispiele dafür gibt es aus dem Umfeld der Zeugen Jehovas und der Scientology-Organisation. Selbstverständlich kann man von einem Aussteiger, der persönliche Repressalien erfahren hat, keine wissenschaftliche Objektivität erwarten. Seine Darstellungen werden natürlich subjektiv und emotional gefärbt sein. Aber genau darum muss es gehen: Die Perspektive von Menschen, die unter einer solchen Gemeinschaft leiden oder gelitten haben, gehört zur öffentlichen Diskussion und zu einer differenzierten Wahrnehmung der „Szene". Gerade in Deutschland wird man gegenüber allen Formen von Totalitarismus wachsam sein müssen. Die Aussteigerberichte müssen natürlich überprüft werden. Sie sind aber ein wichtiger Prüfstein, ob religiöse Gemeinschaften Kritik zulassen, ob sie sich einer öffentlichen Diskussion stellen und wie sie mit Menschen verfahren, die sie kritisieren. Daran wird man dann Lehraussagen und Selbstdarstellungen der Gemeinschaft messen.

> → Der Frage nach der Gefährlichkeit bestimmter religiöser Überzeugungen nachgehen (Extremismus, Fundamentalismus, Fanatismus) und nach Möglichkeiten der Prävention solcher Gefahren suchen

Das Thema der Gefährlichkeit religiöser SG für einzelne Personen oder die Gesellschaft ist ein übergreifendes, das nicht allein den Religionsunterricht betrifft. Hier käme es darauf an, der spezifischen Fragestellung nachzugehen, in welcher Weise religiöse Überzeugungen, z. B. in Form von Fanatismus, von Sendungs- oder Erwählungsbewusstsein, von starrer Gesetzlichkeit oder auf Grund eines problematischen Gottesbildes, eine Gefahr für die menschliche Gemeinschaft darstellen. Bei allen Beispielen einer solchen potentiellen Gefährdung wird man sehr schnell persönliche und politische Motive, Macht- und Geltungsstreben einzelner Personen erkennen können. Sie widersprechen in weiten Teilen den Gottesbildern, Heils- und Erlösungslehren der großen Religionen. Religion wird hier also funktionalisiert und instrumentalisiert. Dieser Gesichtspunkt lässt sich mit religions- und kirchengeschichtlichen Themen verbinden und wird zu einer historisch-kritischen Sicht der Funktion von Religion verhelfen. Ebenso sind religionssoziologische Erkenntnisse über Funktionen und Instrumentalisierungen von Religionsgemeinschaften hilfreich. Wichtig bei all dem ist die Unterscheidung zwischen der Glaubensüberzeugung von Menschen, die zu respektieren ist und die daraus hervorgehenden Wirkungen für die Mitmenschen, die Gesellschaft und die Umwelt. Die beste Prävention ist das Wahrnehmen dieser Vorgänge und die Suche nach einem kritischen Dialog, der allen extremistischen Religionsgemeinschaften deutlich macht, dass die plurale demokratische Gesellschaft nicht alles tolerieren kann, was mit einem religiösen Anspruch auftritt, der letztlich aber nur Machtansprüche kaschiert.

> → Unterschiede zu anderen Religionsgemeinschaften, vor allem zu den großen Weltreligionen, erkennen und reflektieren

Die Klassifizierung der SG versucht, ihren Hintergrund in bestimmten religiösen Traditionen zu lokalisieren. Das ist dann möglich, wenn sich die Gemeinschaft aus einer der großen religiösen Traditionen herausgelöst hat, wie das der alte Begriff der Sekte als Abspaltung meinte. In diesen Fällen ist es möglich, anhand ausgewählter theologischer Fragen den Unterschied zwischen der „Herkunftsreligion" und der neuen Religionsgemeinschaft herauszuarbeiten. Zum Beispiel kann das anhand der Lehraussagen zum Gottesbild, Menschenbild/Umgang mit Menschen, zur Heils- bzw. Erlösungslehre, zu religiösen Praktiken, zur Ethik, zum sozialen, politischen und kulturellen Engagement geschehen. Für alle aus dem Christentum kommenden Gemeinschaften, z. B. Zeugen Jehovas, Neuapostolische, Mormonen ist das anhand theologischer Kriterien, die im Religionsunterricht schon erarbeitet wurden, relativ leicht möglich. Daran kann sich eine kontroverse Diskussion darüber anschließen, welche Argumente es dafür und dagegen gibt, die betreffenden Gemeinschaften zum Christentum zu zählen oder nicht. Dieses Nachdenken lässt sich gut mit dem Thema Ökumene verbinden, indem nach den verbindenden und trennenden Elementen der ökumenischen Gemeinschaft christlicher Kirchen gefragt wird. Fruchtbar könnte eine Arbeit mit der sog. „Basisformel" des Ökumenischen Rates der Kirchen sein, die das „rechte" christliche Zeugnis an die Heilige Schrift bindet. Insofern münden alle Fragen nach der „Christlichkeit" einer Gemeinschaft in die Frage nach dem rechten Verständnis und der rechten Auslegung der Heiligen Schrift. Das wird dann beispielhaft an den oben genannten Themen mit ausgewählten Texten erarbeitet.

Schwieriger ist diese Differenzierung zwischen SG und Herkunftsreligion für die nichtchristlichen Religionen zu beantworten, weil sie genaue Kenntnisse der Lehrtraditionen dieser Religionen erfordert. Man kann allenfalls zeigen, dass z. B. Guru-Gruppen sich auf ganz bestimmte Personen (Lehrer) und Traditionen des Hinduismus oder Buddhismus beziehen und von daher eine ganz bestimmte Lehre „überhöhen", die nicht den Buddhismus oder Hinduismus als solchen repräsentiert. Beim Hinduismus kann man sowieso nicht von

einer Religion sprechen, hier kann allenfalls auf Anschauungen hingewiesen werden, die eine bestimmte SG aus hinduistischen Lehrtraditionen übernommen hat. Das eigentliche Problem ist der Transfer dieser Anschauungen nach Europa in einen christlichen Kontext. Erst dadurch wird die Gemeinschaft zur „Sonder"-gemeinschaft oder „Sekte". Deren Lehren und Praxis wird man wie die einer Fremdreligion betrachten müssen. Letztlich können sie auch nur von einem bestimmten Standpunkt her, z. B. mit christlich-theologischen Begriffen, verglichen und beurteilt werden.

> → Die eigene religiöse bzw. weltanschauliche Überzeugung anhand der SG kritisch reflektieren

Die Beschäftigung mit anderen Religionen und Konfessionen im evangelischen oder katholischen Religionsunterricht hat neben dem Kennenlernen dieser auch immer die kritische Reflexion der eigenen religiösen Wurzeln und kirchlichen Verortung zum Ziel. Das kann man durchaus auf die Beschäftigung mit Sondergemeinschaften/Sekten übertragen. Die Gründungsmotive vieler solcher Gemeinschaften kommen ganz oder teilweise aus einer Kritik an den großen christlichen Kirchen. Insofern enthalten die Lehren und die Praxis der SG ein kritisches Potential, mit dem sich eine Auseinandersetzung lohnt. Christliche Schüler sollen ja in die Lage versetzt werden, christliches Leben in Kirche und Gesellschaft aktiv und reflektierend mitzugestalten. Dafür ist es wichtig, problematische Entwicklung innerhalb von Theologie und Kirche zu kennen. Zum Beispiel weist das Entstehen von religiösen Bewegungen, die den Endzeitgedanken überhöhen („Endzeitsekten") auf eine unzureichende Interpretation apokalyptischer Texte und Gedanken und eine Vernachlässigung der Eschatologie innerhalb des Christentums hin. In gleicher Weise sind esoterische Formen von Religiosität oft Reaktionen auf eine übermäßige Rationalisierung des christlichen Glaubens. Die kritische Reflexion des eigenen christlichen Hintergrundes soll den Schülern somit zu einer besseren Beurteilungskompetenz verhelfen.

Nichtchristliche (konfessionslose) Schüler, die den Religionsunterricht besuchen, sollen die gleiche Beurteilungskompetenz erwerben. Nur bezieht sich bei ihnen die kritische Reflexion nicht auf die eigne religiöse Prägung, sondern sie geschieht als Klärungsprozess hinsichtlich dessen, was Christentum im wesentlichen ausmacht und wo Gefährdungspotentiale falscher Entwicklungen liegen.

hältnisses von Staatskirchen zu abgespaltenen christlichen Gemeinschaften und andererseits auf neuere Definitionen eingegangen, die soziologische und psychologische Kriterien einbeziehen. Aus dem Material können auch Arbeitsblätter für eine arbeitsteilige Gruppenarbeit hergestellt werden.

M 1-3 kann als „Checkliste" verwendet werden, um für bestimmte religiöse Gemeinschaften Kennzeichen einzutragen und darüber zu diskutieren, wo sie einzuordnen sind. Das ist vor allem dann sinnvoll, wenn schon einzelne Religionsgemeinschaften behandelt worden sind. Es ist aber durchaus auch geeignet, um das Vorwissen der Schüler über solche Kennzeichen von religiösen Gemeinschaften zu erfragen.

M 1-4 bringt eine mögliche Klassifikation religiöser Gemeinschaften, wie sie in der Fachliteratur zu finden ist. Anhand dieser Übersicht können Namen von religiösen Gemeinschaften zugeordnet und weitere Unterrichtsthemen, die sich darauf beziehen sollen, gewählt werden.

4.1 Begriffe: Kirchen, religiöse Sondergemeinschaften, Sekten – Klärungen und Beispiele

In dieser Einheit werden die Begriffe hinsichtlich ihrer Entstehung und Bedeutung geklärt und es werden ausgewählte religiöse Gemeinschaften gemäß der Kriterien charakterisiert.

M 1-1 ist ein Arbeitsblatt für die Schüler. Hier können sie ihr Vorverständnis bezüglich von religiösen Sondergemeinschaften und Sekten eintragen und anschließend darüber sprechen.

Ziel ist es herauszuarbeiten, dass der Sektenbegriff von den Kriterien abhängt, nach denen er definiert wird und dass es keine allgemeingültige Definition gibt. Indem die Schüler ihr jeweiliges Verständnis von „Sekte", „Kirche" usw. begründen müssen, werden sie zu einer differenzierenden Betrachtungsweise angehalten und es wird der nächste Schritt, der mit Hilfe von **M 1-2** erarbeitet wird, vorbereitet.

M 1-2 gibt Begriffsdefinitionen mit kurzen Kommentaren zu den Begriffen Religion, Kirche, Freikirche, religiöse Sondergemeinschaft, Sekte wieder.

Anhand dieses Materials erarbeiten sich die S. das jeweilige Begriffsverständnis und diskutieren, inwieweit solche Definitionen „objektiv" sind, d. h. aus welcher Perspektive und auf welchem geisteswissenschaftlichen Hintergrund sie entstanden. Insbesondere wird dabei einerseits auf den historischen Aspekt des Ver-

4.2 Christlich – aber die Bibel genügt nicht: Die Mormonen (Kirche Jesu Christi der Heiligen der letzten Tage)

Als Beispiel für eine aus dem Christentum heraus gewachsene Religionsgemeinschaft wird die Mormonenkirche hinsichtlich ihrer Geschichte, Lehre und Praxis dargestellt. Das Beispiel eignet sich besonders, um grundlegende Aspekte der Frage nach (christlichen) Sondergemeinschaften zu reflektieren, z. B.
- Motive für eine Kritik an den traditionellen Kirchen
- außerbiblische Offenbarungen
- Sonderlehren
- Stellung innerhalb der Ökumene
- Frage nach der Einordnung als Kirche (z. B. USA) oder Sondergemeinschaft (z. B. Deutschland)

Inhalte (Auswahl möglich):
Gründer und Gründungsgeschichte
Das Buch Mormon und die anderen Offenbarungsschriften
Der Tempel und die Rituale
Gott und Jesus Christus
Lebenspraxis

1. Die Lebensgeschichte des Joseph Smith nach dem Buch „Die köstliche Perle"

Der Text ist dem Werk „Die köstliche Perle" zu entnehmen. Dieser ist z.B. auf der Internetseite http://www.mormoneninfo.de/datendownload/kp.doc oder http://www.buchmormon.de/download.htm abrufbar. Diese Aufgabenstellung eignet sich als Hausaufgabe für eine kleine Schülergruppe, die ein Referat mit Textaus-züge vorbereitet. Auch eine Gruppenarbeit ist denk-bar, allerdings muss dann eine längere Lesephase ein-geplant werden.

Es werden folgende Sachverhalte erarbeitet und disku-tiert:

Motive und Lebensumstände, die Joseph Smith zum Gründer der Mormonenkirche werden ließen
- Kritik an den traditionellen christlichen Kirchen
- Suche nach der Wahrheit der Religion und nach Gott („Gottsucher")
- Bewusstsein, von Gott zum Propheten erwählt zu sein
- Visionen und persönliche Offenbarung Gottes
- Drang zur Verkündigung der empfangenen Wahrheit
- Konstruktion einer Lehre
- Bestärkung durch Freunde/Anhänger

Weiterführendes Gespräch
- In welchen religiösen Gemeinschaften finden wir ähnliche Biographien der Gründerpersonen?
- Was unterscheidet die Biographie Smiths z. B. von der Luthers oder von der Gestalt eines alttestament-lichen Propheten oder von der Person Jesu Christi?
- Welche Erklärungen sind möglich, dass die Lehren Smiths bei vielen Menschen auf fruchtbaren Boden fielen und daraus in den USA eine relativ große Kir-che entstand?

2. Das Buch Mormon

Texte:
- **M 2-1** Entstehungsgeschichte des Buches aus der Sicht des Gründers Smith
- **M 2-2** Inhalt und Aussagen des Buches Mormon (H. Obst)
- **M 2-3** Kritik am Buch Mormon (K. Hutten)

Es werden folgende Sachverhalte erarbeitet und disku-tiert:
- Das Buch Mormon geht auf persönliche Visionen Joseph Smiths zurück.
- Es erfährt durch seine eigenen Aussagen göttliche Autorisierung (vgl. Lebensgeschichte).
- Es hat (neben anderen Schriften) für die Mormonen-kirche die Bedeutung einer heiligen Schrift, weil es die Bibel wesentlich ergänzt.
- Hauptinhalt des Buches ist der Anschluss Amerikas an die biblische Heilsgeschichte des AT (Völkerwan-derung nach der Sintflut) und NT (Erscheinen Jesu in Amerika) und damit der Anspruch, dass die Mormonenkirche die wahre wiederhergestellte Kir-che Jesu Christi ist.
- Die Quellenkritik am Buch Mormon legt die Auffas-sung nahe, dass Smith alleiniger Verfasser des Bu-

ches ist, das Motive aus einem Roman übernommen hat bzw. überhaupt auf diesem basiert. Es soll sich dabei um das Buch des presbyterianischen Geistli-chen Solomon Spaulding aus den Jahren 1812–1816 handeln, in dem dieser den israelitischen Ursprung der Indianer vertrat (Näheres dazu bei Kurt Hutten: Seher, Grübler, Enthusiasten. [14]1989, S. 459–465, bes. S. 463 f.).

Weiterführende Fragestellungen
- Wodurch unterscheiden sich die Bibel und das Buch Mormon, wenn man sie historisch-kritisch betrach-tet?
- Wodurch wird ein Buch zur „heiligen Schrift"?
- Wie wirken sich Erkenntnisse der Quellenkritik für eine glaubende Gemeinde aus (Vergleich mit der Geschichte der Bibelkritik)?
- Wie ist das Problem außerbiblischer Offenbarungen aus evangelischer – und ökumenischer – Sicht zu be-urteilen?
- Welche Konsequenzen hat die Autorität des Buches Mormon für den ökumenischen Dialog mit der Mor-monenkirche und deren Einordnung als christliche Kirche?

3. Gottesvorstellung und Christologie

Texte dazu aus verschiedenen Schriften (**M 2-4 a**) und aus dem Buch Abraham (in: Die kostbare Perle; **M 2-4 b**)

Es werden folgende Sachverhalte erarbeitet und disku-tiert:
- Die Gotteslehre der Mormonenkirche unterscheidet sich von der biblischen vor allem dadurch, dass Gott als sich entwickelndes Wesen gedacht wird, dessen Sein im Universum an einer bestimmten Stelle loka-lisiert wird (Planet Kolob, vgl. Buch Abraham).
- Jesus Christus wird als leiblicher Sohn Gottes be-zeichnet, der sein Leben als Sühnopfer für die Men-schen dargebracht hat. Der Glaube an ihn ist die „erste Verordnung des Evangeliums" (Glaubens-grundsätze, 4).
- Menschen haben im Himmel einen Geistkörper, durch den sie sich wie Gott entwickeln können. – In welchem Verhältnis steht diese Entwicklung aber zur notwendigen Erlösung durch Jesus Christus?

Weiterführende Fragen
- Welche Vorstellungen von Gott vermitteln Texte des Alten Testaments (z. B. die Schöpfungsgeschichten, Psalmen, Propheten)?
- Wie spricht Jesus von Gott (z. B. im Gleichnis vom „verlorenen Sohn")?
- Welche Unterschiede lassen sich zwischen biblischen Aussagen über Gott und der mormonischen Lehre nach dem Buch Abraham feststellen?

4. Rituale und Glaubenspraxis

A) Die Bedeutung der Tempelrituale

Text von Ulrich Rausch (**M 2-5**)
Es werden folgende Sachverhalte erarbeitet und diskutiert:
- Die Tempelrituale bilden das Kernstück mormonischer Glaubenspraxis. Sie sind grundsätzlich geheim, d. h. nur „Eingeweihten" zugänglich.
- Tempelrituale und Priestertum sichern die Exklusivität der Heilsvermittlung innerhalb der Mormonenkirche. Damit gewinnt die Kirche (als Institution) Macht über die Gläubigen.
- Die Begründung der Taufe für Verstorbene erfolgt neben eigenen Schriften auch mit biblischen Zitaten (vor allem 1. Kor 15,29). Diese Aussage mag auf einen urchristlichen Brauch verweisen, dient hier Paulus aber der Argumentation für die Auferstehung der Toten. Nicht ohne Grund hat die Kirche keine Praxis der Totentaufe ausgebildet, weil die Stellvertretung Christi nicht durch Menschen wiederholbar ist.
- Die Ehesiegelung wird für die Ewigkeit vollzogen. Hieraus kann man die Bedeutung von Ehe und familiärer Lebensgemeinschaft für die Mormonenkirche ableiten. Jedoch wird die Problematik deutlich, die sich aus „Ewigkeitsentscheidungen" für das irdische Leben und das seelsorgerliche Handeln ergeben.
- Eine grundsätzliche Problematik besteht im Nebeneinander von Geheimritualen (in esoterischer Tradition) und öffentlich wirksamer Kirche (in exoterischer Tradition). Hieraus kann man den Eigenanspruch der Mormonenkirchen als „wiederhergestellte" Kirche Jesu Christi erkennen.

Weiterführende Fragen
- Was unterscheidet die mormonischen Tempelrituale von christlichen Sakramenten (orthodox/ katholisch/ evangelisch)?
- Wie ist die stellvertretende Taufe für Tote aus der Sicht der Angehörigen des Verstorbenen zu bewerten? Wie stichhaltig ist die biblisch-theologische Begründung?
- In welchem Verhältnis steht die „Verwaltung des Heils" durch die Mormonenkirche zum Heilshandeln und zur Heilszusage Jesu Christi nach dem Neuen Testament?
- Welche Parallelen sind zu freimaurerischen Symbolen zu erkennen und was kann man daraus schließen?

B) Zur Ethik und Praxis mormonischen Lebens

Texte: Glaubensgrundsätze 11-13; ein Lexikontext (**M 2-6**)
Es werden folgende Sachverhalte erarbeitet und diskutiert:
- Die ethischen „Tugenden" der Mormonen stützen eine familienorientierte Gesellschaft und leiten zu Ehrlichkeit, Fleiß und Treue an. Sie haben damit eine konservative Ausrichtung, die sich durchaus mit Fortschrittsdenken und Effektivität vereinbaren lässt. „Tugendhaftigkeit" wird neben Fleiß, Treue usw. gesetzt, wobei offen bleibt, was damit über die genannten Eigenschaften hinaus gemeint ist.
- Das rechte Verhalten der Angehörigen der Mormonenkirche soll durch die Gemeinde- und vor allem durch die Familienstrukturen gesichert werden. Dabei ist eine autoritäre Kontrolle unübersehbar. Die Problematik einer Spannung zwischen individueller Freiheit und eingeforderter Gruppenkonformität ist daher unausweichlich.
- In der christlichen Ethik gibt es verschiedene Traditionen, aus dem Evangelium bestimmte Werte abzuleiten, Tugenden zu formulieren und situationsbezogen verantwortlich zu handeln. Eine konservative Werteethik muss sich immer an Jesu Umgang mit konkreten Menschen und Situationen messen und kritisieren lassen. Das lassen Stellungnahmen der Mormonenkirche zu ethischen Fragen vermissen.

Weiterführende Fragestellungen
- Welche Rolle spielen „Tugendkataloge" im Neuen Testament und in der Geschichte der christlichen Ethik?
- Wie argumentieren die Katholische Kirche, die Evangelische Kirche und die Mormonenkirche hinsichtlich gleicher ethischer Fragen (z. B. Homosexualität, christliche Lebensführung, politische Ethik)?
- Welche Rolle spielen für die Mormonen ethische Begründungen, die sich auch dem Handeln Jesu ergeben?
- Was könnte Menschen in Deutschland an den mormonischen Lehren faszinieren?

4.3 Esoterisch-spirituelle Gemeinschaften – die Sehnsucht nach Heilung. Beispiel: Bruno-Gröning-Freundeskreis (BGF)

Ziel ist es, anhand eines Beispieles die Schüler zu einer kritischen Beurteilung der Motive und Angebote des sog. Esoterik-Marktes zu befähigen. Die Veränderung, die der Begriff Esoterik von antiken Geheimlehren und -kulten bis zu heutigen, oft gewinnorientierten Heilungslehren und -methoden erfahren hat, lässt sich an diesem großen Markt gut zeigen. Jedoch ist dieser so unüberschaubar, dass hier nur das Beispiel einer Gruppe behandelt wird, die sich um einen „Geistheiler" gebildet hat. Auf der Grundlage der Lehren und Praxis dieser Gemeinschaft werden jeweils Bezüge und Unterschiede zwischen esoterischen Lehren und Weltanschauungen und dem christlichen Glauben aufgezeigt.

1. Auf dem Markt der populären Esoterik

M3-1 bringt eine Zusammenstellung von Werbungen für „esoterische" Angebote vom Wahrsagen über Edelstein- und Magnetfeldtherapie bis hin zu Geistheilungen. Darunter befindet sich auch ein Hinweis auf den Bruno-Gröning-Freundeskreis.
Leitfragen:
- Wann und wo sind euch solche oder ähnliche Werbungen schon begegnet?
- Auf welche Bedürfnisse und Sehnsüchte der Menschen zielen sie?
- Sind euch schon Berichte über „Geistheilungen" begegnet?

2. Wer war Bruno Gröning, was bedeute er für den Freundeskreis?

M 3-2 enthält einen Hinweis auf die Internetseite des Bruno-Gröning-Freundeskreises und bringt Auszüge aus dieser. Vergleichend dazu werden die Sachinformationen aus diesem Heft (Kap. 2 S.26 f.) herangezogen.

Die Schüler informieren sich über die Entstehung und heutige Wirksamkeit des Bruno-Gröning-Freundeskreises.
Leitfragen:
- Wer war Bruno Gröning und was machte ihn berühmt?
- Auf welche Weise hat er „Heilungen" bewirkt?
- Wie interpretiert der Freundeskreis heute die Heilungen und wie wird es begründet, dass nach dem Tod Grönings noch Heilungen (im Freundeskreis) stattfinden?
- Wie aussagekräftig sind die „Erfolgsberichte"?
- Gibt es kritische Stimmen (in der Eigendarstellung)? Wie wird mit Kritik von außen umgegangen?

3. Grönings Lehre und christlicher Glaube

In **M 3-3** sind einige wesentliche Gedanken der Lehre Grönings über Gott, Heil, und Heilung zusammengestellt (Text von der Internetseite). Diese sollen mit christlich-theologischen Vorstellungen verglichen werden, um zu einer Einschätzung der Lehre des BGF aus christlicher Sicht zu gelangen. Ergänzend dazu wird der Abschnitt „Beurteilung aus christlicher Sicht" aus dem Sachteil dieses Heftes (S. 26 f.) herangezogen.

4. Esoterik und Heilung – eine zusammenfassende Reflexion

M 3-4 enthält Anregungen für ein Gespräch über Motive und weltanschauliche Hintergründe esoterisch-spiritueller Heilungen.

Anhand der hier angeführten Stichworte und Sachverhalte reflektieren die Schüler ihre Erkenntnisse über Motive, Absichten und Hintergründe esoterisch-spiritueller Heilungsangebote. Sie erkennen dabei, dass für

deren Interpretation und Glaube der religiös-weltanschauliche Hintergrund entscheidend ist, der in wesentlichen Punkten (Gottesvorstellung, Erlösungsgedanke, Sicht des Menschen) vom christlichen Glauben abweicht. Dennoch dürfen „geistliche" Heilungserfahrungen nicht grundsätzlich als Scharlatanerie abgetan werden. Sie kommen in allen religiösen Traditionen vor. Wichtig ist dabei eine kritische Reflexion und die Trennung von Wunschgedanken und überhöhten Erwartungen an die besonderen Fähigkeiten von Menschen von realen Erfahrungen, die auf die Wirklichkeit und das Wirken Gottes zeichenhaft verweisen.

Anschlussfähig ist hier das Thema Wunder- und Heilungsgeschichten in der Bibel.

M 3-5 bringt einen Auszug aus einer Checkliste von Gerald Kluge (www.sekten-sachsen.de, Stichwort „Psychomarkt").

Diese Liste soll zu einer sachgemäßen Beurteilung von aktuellen Angeboten des esoterischen Marktes dienen. Über die Geistheilung hinaus finden sich noch mehr Kriterien auf der angegebenen Internetseite.

4.4 Guru oder Gott? Beispiel: Das Osho-Manjusha-Meditations-Zentrum

Die vorwiegend aus dem Hinduismus oder Buddhismus kommenden Guru-Gruppen bzw. -„Sekten" repräsentieren zwar hinduistische oder buddhistische Religiosität, sind aber oft in der Anbindung an einen bestimmten Guru und seine Traditionslinie sehr verengt und zeigen in der Heilslehre und Organisation Sektenmerkmale. Am Beispiel der Osho-Bewegung (früher: Bhagwan) wird grundlegenden Fragen von Guru-Kulten nachgegangen, die sich in Europa in einem vorwiegend christlichen Kontext entwickelt haben. Ziel ist es, den religiösen Hintergrund dieser Bewegung zu verstehen und hinsichtlich der Heilsversprechen kritisch zu reflektieren.

1. Die Osho-Bewegung: Der Gründer, seine Lehre und die Entstehung von Ashrams in Deutschland.

M 4-1 liefert Sachinformationen zur Geschichte und Lehre der Osho-Bewegung.

Ergänzend dazu ist die Kurzdarstellung im Sachteil dieses Heftes (S. 22 f.) zu verwenden.

Anhand dieser Informationen können sich die Schüler den indisch-religiösen Hintergrund des Gründers Raineesh Chandra Mohan vergegenwärtigen. Es ist hierbei von Vorteil, wenn grundlegende Vorstellungen zum Hinduismus und Buddhismus, gegebenenfalls zum Jainismus bereits vorhanden sind. Ansonsten müssen die im Text vorkommenden Begriffe exkursartig geklärt werden.

2. Ein Beispiel: Das Osho-Manjusha-Meditations-
zentrum in Schmiedeberg/Sachsen

Die Schüler recherchieren im Internet nach Osho-Zentren in Deutschland und analysieren die Website des Zentrums in Schmiedeberg.

M 4-2 bringt Auszüge mit Leiftragen zur Arbeit in Kleingruppen

3. Wie das Wirken des Osho-Zentrums wahrgenommen wird

M 4-3 bringt einen Erfahrungsbericht eines Sektenbeauftragten anlässlich eines Besuches im Meditationszentrum Schmiedeberg.

M 4-4a enthält einen Zeitungsbericht zum Osho-Mahanjusha-Meditationszentrum Schmiedeberg und **M 4-4b** eine nachfolgende kritische Reaktion einer Mitarbeiterin des Zentrums.

Beide Materialien laden zu einer Diskussion über das Anliegen des Zentrums und die Wahrnehmungen der Besucher ein.

4.5 Versklavter Mensch oder befreiter Thetan: Dianetik und Scientology

Die in der öffentlichen Diskussion oft als „Psychosekte" bezeichnete Scientology-Organisation, die selbst für sich in Anspruch nimmt, eine Kirche zu sein, wird anhand ihrer Lehrauffassungen und Praxis (Dianetik, Scientology, Kurse zur Befreiung des „Thetan", des jedem Menschen innewohnenden, aber unterdrückten „Geistmenschen") dargestellt. Ein kritische Reflexion erfolgt in theologischer Hinsicht bezüglich der Lehren und in psychologischer, soziologischer und politischer Hinsicht bezüglich der Kurssysteme und des gesellschaftlichen Auftretens in der Form verschiedener Unterorganisationen. Ein Vergleich von Eigendarstellungen und Aussagen Betroffener soll dafür sensibilisieren, inwieweit Anspruch und Wirksamkeit einer „Kirche" auseinandergehen können und wodurch die Gefährlichkeit von quasi-religiösen Gemeinschaften begründet ist.

1. Arbeitsweisen der Scientology-„Kirche"

M 5-1 stellt Werbematerial, Bilder und Symbole der Scientology-Kirche dar, mit dem Menschen für die Organisation und die angebotenen Kurse interessiert werden sollen. Wichtig dabei ist der so genannte Persönlichkeitstest, der oft als kostenloser Einstieg in weitere Kursangebote der Organisation genutzt wird.

M 5-2 gibt einen Betroffenenbericht wieder, aus dem hervorgeht, wie Scientology in der Öffentlichkeit wirbt.

Anhand der Materialien werden folgende Aspekte erarbeitet:
- S. wirbt Menschen mit dem Versprechen, ihr Leben zu ändern und zu verbessern, indem bisher verborgene geistige Kräfte mobilisiert werden
- S. verspricht „Seelsorge" und umfassende geistliche Betreuung als Kirche
- S. bietet ein systematisch geordnetes Kurssystem an, das auf den ersten Blick nicht durchschaubar ist
- Die Kosten für die Kurse werden verschwiegen bzw. wird von vornherein die Möglichkeit eingeräumt, dass sich Interessenten die Gebühren in der Organisation selbst verdienen können

Als weiterführende Frage wird diskutiert, wie Kirchen und Religionsgemeinschaften auf Problemlagen von Menschen reagieren und wie diakonische und seelsorgerliche Hilfe in den christlichen Kirchen der Ökumene konkret aussieht.

2. L. Ron Hubbard und die Dianetik

M 5-3 bietet einen Auszug aus der Biografie von L. Ron Hubbard nach der Eigendarstellung der Scientology-Organisation, dazu einen kritischen Lexikon-Auszug.

In **M 5-4** sind Aussagen zur Dianetik zusammengestellt, aus denen der ideologische Hintergrund und die Zielstellung des Verfahrens deutlich werden.

Anhand der Materialien werden folgende Aspekte erarbeitet:
- Aus Hubbards Biographie lassen sich Motive für die Ausarbeitung der Dianetik ableiten, z. B. phantastische Sehnsucht nach einem vollkommenen bzw. geistig überlegenen Menschen, Unzufriedenheit mit existierenden Religionen und Suche nach der Wahrheit in verschiedenen Religionen; Suche nach Wegen zur „Verbesserung" des menschlichen Daseins in Richtung einer perfekt funktionierenden Organisation.
- Das dianetische Verfahren zur Befreiung geistiger Kräfte des Menschen soll in groben Zügen deutlich werden. Hierbei wird vor allem die Definition herangezogen. Eine kritische Auseinadersetzung damit erfolgt im Zusammenhang mit Scientology.

Als weiterführende Frage kann darüber nachgedacht werden, welche „Methoden" (Formen der Glaubenspraxis, der Spiritualität) in den christlichen Kirchen gebräuchlich sind, um eine geistige Veränderung des Menschen zu erreichen und worauf diese Veränderung zielt, was sie bewirken soll. Ergänzend dazu müssten dann Texte aus der Bibel und aus theologischen Schriften/Lexika Verwendung finden und Aussagen von Christen über ihre spirituellen Erfahrungen zur Kenntnis genommen und reflektiert werden.

3. Hauptlehren der Scientology

Exemplarisch für „Scientology" wird mit der Definition, der Lehre von den acht Dynamiken (**M 5-5**) und einem Text zum Kurssystem zur Erreichung des Zustandes „Operierender Thetan" (**M 5-6**) gearbeitet.

Als Leitfrage für die Diskussion bietet sich die nach dem Menschen- und Gottesbild der Scientology an. Dabei werden grundlegende anthropologische und theologische Aussagen der christlichen Theologie als Vergleich herangezogen, z. B.
- der Mensch als Geschöpf; Gott als Schöpfer,
- der Mensch als erlösungsbedürftiges Wesen; Gott als Erlöser,
- Rechtfertigung aus dem Glauben; Rettung aus Gnade,
- Menschsein als Gabe Gottes; Vervollkommnung als Verheißung im Reich Gottes.

Die Lehre von den Acht Dynamiken (**M 5-5**) legt auch eine vergleichende Betrachtung mit Buddhas „Achtfachem Pfad" zur Überwindung des Leidens (vierte „edle Wahrheit") nahe. Wenn der Buddhismus schon behandelt wurde, kann beides verglichen werden. Die Anleihen Hubbards bei Buddha sind eher formaler Art, denn während es Buddha um ein Aufheben von Leiden geht, dessen Ursache er in „Begierden" sieht, entfaltet Hubbard ja gerade „Dynamiken" („Drang", „Antrieb"). Der zu erstrebende Zustand der spirituellen Befreiung (Siebte Dynamik) und „Vergöttlichung" (Achte Dynamik) weist dennoch Bezüge zum Buddhismus, aber auch zur Mystik auf.

4. Ethik als Disziplinierung

M 5-7 bringt Auszüge aus der Selbstdarstellung der Scientology-Lehre zum Thema Ethik und Kontrolle der Scientologen und zum Umgang mit Kritikern. Zum gleichen Thema wird ein Textauszug aus der kritischen Literatur geboten.

Anhand eines Vergleichs der Materialien können folgende Sachverhalte erarbeitet werden:
- Das Ethikverständnis der Scientology-Organisation als Disziplinierung der Mitglieder und Abwehr der Kritiker
- Das spezifische Vokabular der Scientology-Organisation, das eine Art Codex bildet
- Die Perspektive der Betroffenen, die sich getäuscht und manipuliert fühlen, weil ihnen geistige Entwicklung zur Freiheit versprochen wurde, die sich nun als Abhängigkeit von der Verhaltensregeln der Organisation entpuppt

Weiterführende Fragestellungen sind z. B.
- Welche Parallelen und Unterschiede gibt es zur Praxis der christlichen Kirche, ihre Mitglieder zu „disziplinieren"? (Beicht- und Bußpraxis im Mittelalter, „Kirchenzucht" als Form der Seelsorge, Ermahnung und Zurechtweisung, Sakramentsverweigerung, Exkommunikation, ...)
- Welche Formen der Zurechtweisung sind biblisch begründet, welche Ausdruck eines Machtanspruchs?
- Wie wird Ethik in der christlichen Theologie verstanden und welcher Zusammenhang besteht zwischen Gottesverständnis und Verständnis des Menschen (Anthropologie)? Welche gravierenden Unterschiede lassen sich zum Ethikbegriff der Scientology-Organisation erkennen?

5. Die Perspektive von Betroffenen

M 5-8 bietet einen so genannten Aussteigerbericht in Zusammenfassung. Daraus wird die mögliche Verflechtung eines Menschen in die Strukturen der Scientology-Organisation deutlich, die zu einer Anbindung und Abhängigkeit führt, aus der der/die Betroffene nicht mehr allein heraus kommt.

Anhand des Materialblattes können folgende Sachverhalte erarbeitet werden:
- Die Motive, die Scientology für einen Menschen attraktiv machen
- Die Mechanismen der Beeinflussung des Menschen, die zu seiner Abhängigkeit führen (Kurssystem und dessen Finanzierung)
- Die Unterdrückung kritischen Denkens und kritischer Einwände
- Der Anspruch der Hilfeleistung und die Wahrnehmung und Wirkung der praktizierten Methoden durch bzw. auf den Betroffenen
- Möglichkeiten des „Ausstiegs" aus der Organisation
- Die Frage nach der Gefährlichkeit der Scientology-Organisation und einer nötigen Prävention

Die erarbeiteten Sachverhalte laden unmittelbar zur Diskussion und Reflexion ein. Dabei wird die Frage bewegt, ob eine „objektive" Darstellung durch einen Betroffenen überhaupt möglich ist und welche Funktion eine kritische, aus der Betroffenheit heraus resultierende Polemik für die öffentliche Aufklärung hat. Es sollte zu einem Verstehen der Situation derjenigen Personen angehalten werden, denen auf Grund ihrer „Sektenzugehörigkeit" womöglich kein Glauben geschenkt wird. Sie benötigen fachkundige Hilfe.

Ergänzend liefert **M 5-9** einen Katalog von 12 Empfehlungen für den Umgang mit ausstiegswilligen Menschen.

6. Scientology worldwide – WISE und andere Organisationen

M 5-10 listet einige Scientology-Unterorganisationen auf. Ein Auszug aus dem Endbericht der Enquete-Kommission des Deutschen Bundestages von 1998 zu ABLE führt zur Frage nach der Gefährlichkeit solcher Unter- oder Tarnorganisationen.

Anhand des Materials kann folgenden Fragestellungen nachgegangen werden:

- Welche Absichten verbergen sich hinter der Vielzahl von Scientology-Unterorganisationen?
- Wie vertragen sich solche „Tarnorganisationen" mit dem Anspruch auf Transparenz und Öffentlichkeit in einer demokratischen Gesellschaft?
- Welche wirtschaftliche und politische Problematik wird daran deutlich?
- Warum wird diese Problematik in verschiedenen Ländern (z.B. USA einerseits und Deutschland und Frankreich andererseits) unterschiedlich beurteilt?
- Wie verhält sich die Selbstbezeichnung der Scientology-Organisation als „Kirche" zu einem solchen Netzwerk von wirtschaftlichen und ideologischen Unternehmen?

a) Nachschlagewerke zu Religiösen Sonder-gemeinschaften:

Handbuch Religiöse Gemeinschaften und Weltan-schauungen, Gütersloh ⁵2000.

Lexikon neureligiöser Gruppen, Szenen und Weltan-schauungen. Orientierung im religiösen Pluralismus, hrsg. von Harald Baer u. a., Freiburg i. Br. 2005.

Obst, Helmut: Apostel und Propheten der Neuzeit. Gründer christlicher Religionsgemeinschaften des 19. und 20. Jahrhunderts, Göttingen ⁴2000.

Panorama der neuen Religiosität. Sinnsuche und Heilsversprechen zu Beginn des 21. Jahrhunderts, hrsg. von Reinhard Hempelmann im Auftrag der Evangelischen Zentralstelle für Weltanschauungs-fragen, Gütersloh 2001.

Schmid, Georg /Georg Otto Schmid: Kirchen, Sekten, Religionen. Religiöse Gemeinschaften, weltanschauli-che Gruppierungen und Psycho-Organisationen im deutschen Sprachraum, Zürich 2003.

b) Zu christlichen Sondergemeinschaften:

Obst, Helmut: Neuapostolische Kirche – die exklusive Endzeitkirche? Neukirchen-Vluyn 1996 (Reihe Apolo-getische Themen; Bd. 8).

Raquet, Sigrid: Keine Angst vor Zeugen Jehovas. Argumente für das nächste Gespräch, Moers 1998 (Brendow Perspektiven).

Rausch, Ulrich: Die verborgene Welt der Geheimbün-de. Mit dem Lexikon der okkulten Zeichen, Symbole und Rituale, München 1999.

Trobisch, David: Mormonen – die Heiligen der letzten Zeit? Neukirchen-Vluyn 1998 (Reihe Apologetische Themen 11).

Zimmerling, Peter: Die charismatische Bewegung. Theologie – Spiritualität – Anstöße zum Gespräch, Göttingen 2001 (Kirche – Konfession – Religion, Bd. 42).

c) Zu Gemeinschaften mit östlichem Hintergrund:

Hummel, Reinhart: Gurus in Ost und West. Hinter-gründe, Erfahrungen, Kriterien, Gütersloh 1987 (GTB, 782).

Süss, Joachim: Bhagwans Erbe. Die Osho-Bewegung heute, München 1996 (Claudius KONTUR).

d) Esoterik und Neuheidentum:

Grom, Bernhard: Hoffnungsträger Esoterik? Regens-burg 2002 (Topos plus Taschenbücher, Bd. 435).

e) Zu Psychogruppen:

Jacobi, Jana: Scientology. Ein Blick hinter die Kulissen, Kevelaer 1999 (Topos plus Taschenbuch, 300).

Landesamt für Verfassungsschutz Baden-Württem-berg: Die Scientology-Organisation, Stuttgart 2003.

Utsch, Michael (Hg.): Erfolg, Optimismus, Gewinn. Erfolgstrainer, Motivationsgurus und Struktur-vertriebe auf dem Prüfstand, Berlin 2002 (EZW-Texte, 164).

f) Internet:

Kirchliche Sekten- und Weltanschauungsbeauftragte (dort mehr Links):

http://www.confessio.de
http://www.ezw-berlin.de
http://www.relinfo.ch

Weitere Internetseiten s. Bausteine für den Unter-richt und Materialanhang.

Kirche, Sekte oder was?

Trage deine Meinung dazu ein!
Sprich anschließend mit deinem Banknachbarn bzw. in der Gruppe darüber.

Unter Kirche verstehe ich …

Als Beispiel würde ich nennen …

Eine Freikirche ist …

Als Beispiel würde ich nennen …

Eine Sekte ist für mich …

Als Beispiel würde ich nennen …

Eine religiöse Sondergemeinschaft ist …

Als Beispiel würde ich nennen …

aus: Lamprecht/Biewald, Religiöse Sondergemeinschaften, Psychogruppen, Sekten
© Evangelische Verlagsanstalt, 2005

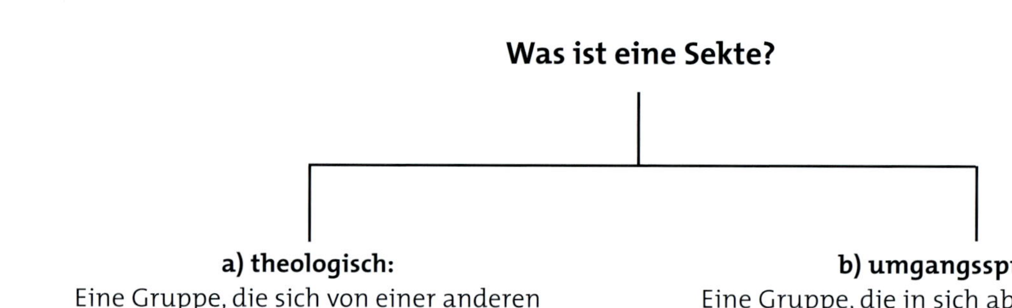

Was ist eine Sekte?

a) theologisch:
Eine Gruppe, die sich von einer anderen
(größeren) Religion abgespalten hat und eine
abweichende (Irr-)Lehre vertritt.
Begriff ist religiös bestimmt.

Merkmale:
– Abspaltung
– Sonderlehren
– Heil exklusiv bei sich

b) umgangssprachlich:
Eine Gruppe, die in sich abgeschlossen ist und
mit radikalen Ansichten mit der Umwelt in
Konflikt kommt.
*Begriff ist ethisch (soziologisch, psychologisch,
politisch) bestimmt.*

Merkmale:
– Abgrenzung nach außen
– Hierarchie (Führerkult ...)
– Freund-Feind-Denken
– Behinderung des Austritts

Religiöse Sondergemeinschaften

Christlicher Hintergrund:
– stammen vom Christentum ab
– vertreten neben christlichen Elementen auch
Sonderlehren

Östlicher Hintergrund:
– stammen vom Hinduismus oder
Buddhismus ab
– Prinzip des spirituellen Lehrers (Guru) ausgeprägt

Spiritualistische Gruppen:
– vertreten Weltbild, in dem Einfluss und
Kontakt zu höheren Wesenheiten wichtig ist
– oft Vermischung christlicher und
östlicher Elemente

Psychogruppen:
– keine religiösen Wurzeln
– verwenden psychologische Methoden und
Techniken zur Bewusstseinsveränderung

(T) Textblatt: Definitionen, Begriffe

Religion und Konfession: Es ist zu unterscheiden zwischen Religionen und den Richtungen innerhalb der Religionen (im Christentum: Konfessionen).

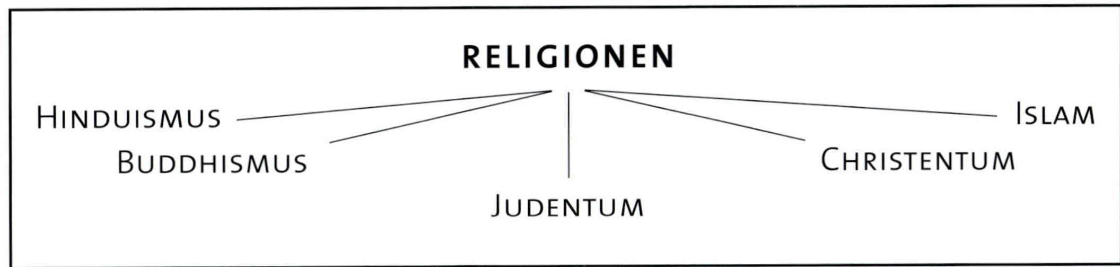

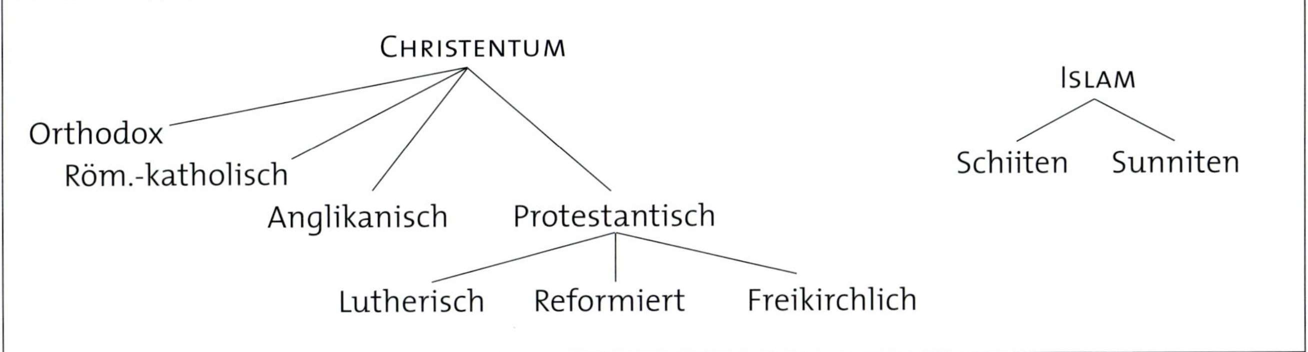

Kirche:
Versammlung der Gläubigen im Christentum. Kann die Organisation, Institution, das Gebäude oder die Gemeinde bezeichnen. Das Wort kommt vom griechischen „kyriake – dem Herrn (gehörend)" und bezieht sich damit auf „kyrios" (Herr) als Bezeichnung für Jesus Christus. Heute wird „Kirche" manchmal auch für andere Religionen verwendet (z. B. „islamische Kirche", obwohl das sachlich nicht richtig ist.)

Freikirche:
Freikirchen sind Kirchen und Gemeinschaften, die aus dem Bemühen um die Erneuerung urchristlichen Gemeindelebens entstanden sind und zu denen ökumenische Beziehungen bestehen oder möglich sind.
Wichtige Anliegen einer Freikirche:
– Freiheit von staatlicher Bevormundung (keine Staatskirchen)
– freie persönliche Glaubensentscheidung des Einzelnen

Was ist eine Sekte?

a) traditionell (theologisch):	b) umgangssprachlich (ethisch):
Eine Gruppe, die sich von einer anderen (meist größeren) Religionsgemeinschaft abgespalten hat und eine abweichende (Irr-)Lehre vertritt.	Eine Gruppe, die in sich abgeschlossen ist und mit ihren radikalen Ansichten und Praktiken mit der Umwelt in Konflikt kommt.
➔ Begriff ist religiös bestimmt	➔ Begriff ist ethisch bestimmt
= „Religiöse Sondergemeinschaft"	= „Konfliktträchtige Gruppierung"

 Checklisten

Religiöse Sondergemeinschaft oder Konfliktträchtige Gruppierung?

Beide Listen sind voneinander unabhängig. Es können Merkmale aus beiden Listen zutreffen oder nur aus jeweils einer.

A) Religiöse Sondergemeinschaft?		
Frage	*ja/nein*	*Details*
1. Abspaltung von anderer Glaubensgemeinschaft?		
2. Bestehen keine ökumenischen Kontakte? (z. B. zur Arbeitsgemeinschaft Christlicher Kirchen)		
3. Ist das Selbstverständnis exklusiv? (Errettung/Erlösung nur innerhalb der eigenen Gruppierung?)		
4. Abweichende Lehraussagen: a) Steht etwas anderes als Christus im Mittelpunkt der Verkündigung? b) Ist nicht nur die Bibel alleinige Norm des Christlichen? (z. B. neue Offenbarungen ...) c) Muss der Mensch sich sein Heil/die Zuwendung Gottes durch eigene Leistungen verdienen?		
B) Konfliktträchtige Gruppierung?		
1. Innenstruktur:		
a) Gibt es totalitäre Machtverhältnisse? (streng hierarchisch, evtl. Personenkult um die Führung?)		
b) Gibt es starke Milieukontrolle? (gegenseitige Überwachung? Spitzeldienste gefordert?)		
c) Desinformation der Mitglieder?		
2. Lehrinhalte:		
a) absoluter Wahrheitsanspruch? (kein Irrtum zugelassen)		
b) exklusiver Wahrheitsanspruch? (nur eigene Gruppe kennt die Wahrheit)		
c) Vereinfachung der Realität? (Schwarz/Weiß-Denken)		
d) Ideologisierung mit Immunisierung gegen andere Erfahrungen?		
3. Außenkontakte:		
a) starkes Sendungsbewusstsein mit Gruppenegoismus		
b) Desinformation (Täuschung der Öffentlichkeit)		
c) verdeckte Anwerbemethoden, provozierte Konflikte		
4. soziale Situation		
a) Kontaktabbruch? (Entfremdung von Freunden und Familie)		
b) Irreale Versprechungen?		
c) Behinderung des Austritts?		

aus: Lamprecht/Biewald, Religiöse Sondergemeinschaften, Psychogruppen, Sekten
© Evangelische Verlagsanstalt, 2005

Christlicher Hintergrund

Neuapostolische Kirche

Entstehung: aus den katholisch-apostolischen Gemeinden, ab 1895 in Deutschland.
M: W: ca. 8 Mio. (+); D: 388 000 (–).
Besonderheit: Christliche Kirche brauche Apostel, daher Berufung neuer Apostel, Stammapostel an der Spitze.

Zeugen Jehovas

Gründer: Charles Taze Russel, 1881.
M: W: 6,1 Mio. (+), D: 164 000 (–)
Besonderheiten: Gottesname „Jehova", irdische Paradiesvorstellung, himmlische Erlösung nur für 144 000.

Mormonen

Gründer: Joseph Smith (1805–1844).
M: W: 11 Mio. (+), D: 35 000 (–), in Berlin Hessen, Saarland Körperschaft öffentlichen Rechts.
Besonderheit: Neuoffenbarungen an Joseph Smith fügten zur Bibel weitere heilige Schriften (Buch Mormon, Die köstliche Perle, Lehre und Bündnisse) und Sonderlehren hinzu (Totentaufe u. a.).

Gemeinschaft in Christo Jesu (Lorenzianer)

Gründer: Hermann Lorenz, 1922.
M: D: ca. 3 500, vor allem in Sachsen.
Eschatologisch-apokalyptischer Biblizismus mit Aufnahme neuer prophetischer Offenbarungen durch Gottlieb Reichelt, Ferdinand Schneider und Hermann Lorenz. Zum Teil Doppelmitgliedschaft in der Ev.-Luth. Landeskirche Sachsens.

Organische Christus-Generation / Ivo Sasek

Gründer: Ivo Sasek (*1956 in Zürich), OCG ab 1979.
Anhänger: ca. 1 500 in ca. 170 Hauskreisen (D, A, CH).
Ivo Sasek versteht sich als von Gott beauftragter Gerichtsprophet, der die wirklich Gott Suchenden aus allen Gemeinden sammelt. Seine Lebensführung und sein Familienleben sind in allem Vorbild für rechtes Christsein. Sündloses Leben wird angestrebt.

Abkürzungen:
M – Mitglieder
W – Welt/weltweit
D – Deutschland/deutschlandweit
Mio. – Millionen
(+) – wachsende Zahl
(–) – abnehmende Zahl

Östlicher Hintergrund

Transzendentale Meditation

Gründer: Maharishi Mahesh Yogi (= Mahesh Prasad Varma) ab 1956.
M: W: 2,5–3 Mio. D: ca. 50 000–100 000 Meditierende.
Auch als „Wissenschaft der kreativen Intelligenz" bezeichnete Meditationstechnik mit wissenschaftlichem Anspruch und verstecktem hinduistischen Hintergrund, soll alle Probleme lösen und zur idealen Gesellschaft führen (Maharishi-Effekt).

Rajneesh Bhagwan/Neo Sannyasin/Osho

Gründer: Rajneesh Chandra Mohan, ab 1953.
M: lose Anhängerschaft um das Zentrum in Poona, Indien, in D: ca. 5 000 Anhänger, Sachsen: Osho Manjusha in Schmiedeberg.
Kreativer Synkretismus um die Person Oshos, nach seinem Tod 1990 Sammelbecken für viele Formen esoterischer Therapie- und Meditationsangebote.

Sant Mat / Holosophische Gesellschaft

Gründer: Sant Thakar Singh, ab 1976.
Anhänger: W: 800 000, D: ca. 40 000 Initiierte, 7 500 Aktive.
Zweig der indischen Radhasoami-Religion (Mischung aus hinduistischen und muslimischen Elementen), sucht Verbindung zu Gott im Hören auf den inneren Licht- und Tonstrom und durch Vermittlung eines lebenden Meisters, vertritt radikale Meditation (bis zu 16 Stunden pro Tag).

Spiritualistische Gruppen

Anthroposophie

Gründer: Rudolf Steiner, 1912.
M: W: ca. 60 000, D: ca. 20 000 (Einfluss aber weitaus größer!).
Abspaltung von der Theosophischen Gesellschaft mit geschlossenem Weltbild auf der Grundlage der Erkenntnisse R. Steiners aus der Akasha-Chronik (ind. Weltgedächtnis), eigene Schulen und Kindergärten (Waldorfschulen), Medizin (Weleda) u. v. a. m.
Die Kirche der Anthroposophie ist die von Rittelmeyer gegründete „Christengemeinschaft".

Universelles Leben

Gründer: Gabriele Wittek, ab 1975.
M: W: ca. 10 000, D: ca. 4 000, Zentrum in Würzburg.
Durch Neuoffenbarungen an Frau Wittek, die sich als

(Spiritualistische Gruppen)

Sprachrohr Christi versteht, entstanden. Selbstverständnis: Urchristentum heute, starke wirtschaftliche Aktivitäten, eigenes Krankenhaus, Kindergarten und Schule, aggressiv vorgetragene Kirchenkritik.

Bruno-Gröning-Freundeskreis

Gründer: Bruno Gröning (1906–1959)/Grete Häusler ab 1979.
M: W: ca. 30 000, D: ca. 12 000.
Geistheiler Bruno Gröning verbindet mit der göttlichen Heilkraft, dazu gläubiges Einstellen (= positives Denken) erforderlich. Gröning bekommt für Anhänger Messias-Funktion. „Medizinisch-Wiss. Fachgruppe" zur Werbung unter Ärzten aktiv.

Rosenkreuzer

Alter Mystischer Orden vom Rosenkreuz (AMORC), Rosenkreuzer-Gemeinschaft (RG), Lectorium Rosicrucianum (LR) u. a.
Gemeinsam: Berufung auf Tradition des 17. Jh.s, versch. Inhalte.
M in D: AMORC ca. 3 500, mystische Lebensphilosophie; RG ca. 200, anthroposophische Theosophie; LR ca. 4 500, Neo-Gnosis.

Psychogruppen

Scientology

Gründer: Lafayette Ronald Hubbard.
M: eigene Angaben: W: ca. 8 Mio. D: 30 000. Verfassungsschutz: D: 5 000–8 000.
Als Religion stilisierte Psychotechnik, in der Erlösung durch ein ausgebautes und sehr teures Kurssystem vermittelt werden soll. Große Zahl von Unter- und Tarnorganisationen. In Deutschland vom Verfassungsschutz überwacht und nicht als Religion anerkannt.

Landmark Education/Das Forum

Versuchen durch einen psychologischen Intensivkurs (Wochenendseminar = „Das Forum") Veränderung der Lebenseinstellung und umfangreiche Problembewältigung zu erreichen.

Motivationstrainer / Strukturvertriebe

Verschiedene Anbieter.
These: Erfolg sei in erster Linie eine Frage der persönlichen Einstellung (Hintergrund: Positives Denken).
Gefahr: Psychologische Erfolgsutopien und irreale Versprechungen führen zu Realitätsverlust und Isolation.

ZEGG (Zentrum für experimentelle Gesellschaftsgestaltung)

Gründer: Dieter Duhm (*1942) nach Einflüssen der Aktionsanalytischen Organisation (AAO). Suche nach alternativen Lebensmodellen der 68er-Generation, gegen die Kleinfamilie für kommunale Lebensformen. Projekt- und Wohngemeinschaften in Belzig und Portugal.

Neuheidentum

Wicca-Bewegung (Neue Hexen)

Gründer: Gerald B. Gardner (1884–1964).
Selbstverständnis: Uralte vorchristliche Religion.
Verschiedene Richtungen aktiv, z. T. stärker feministisch, z. T. stärker ritualmagisch ausgerichtete „Coven" von max. 13 M.; populäres Hexenwesen zunehmend.

Naturreligiöse/neugermanische Gemeinschaften

Verschiedene Organisationen mit Verehrung altgermanischer und nordischer Gottheiten, mitunter Verbindung zu rechtsnationalem Gedankengut.

Esoterik und alternativer Gesundheitsmarkt

Stark wachsender Markt verschiedener Methoden und Techniken zur Förderung des individuellen körperlichen oder seelischen Wohlbefindens ohne wissenschaftlich anerkannten Wirkungsnachweis mit z. T. erheblichen weltanschaulichen Implikationen.
Beispiele:
- **Reiki:** japanische Heilslehre zur Vermittlung der „universellen Lebensenergie" (Ki), abgestufte Initiation in drei Graden, verschiedene konkurrierende Systeme ausgebildet.
- **Feng Shui:** chinesische Form der Geomantie mit Berücksichtigung geographischer und astrologischer Faktoren.
- **Aura-Fotografie, -balance, -therapie:** Auswertung und Pflege der feinstofflichen Ausstrahlung des Organismus.
- **Edelstein- und Kristalltherapie:** Nutzung angeblicher verborgener Kräfte verschiedener Mineralien.
- **Bach-Blüten-Therapie:** Anwendung hochverdünnter Blütenextrakte nach dem Zufallsprinzip.
- **Tachyonen:** Abfüllung theoretischer Elementarteilchen der Physik in Flaschen und Kissen.
- **Reinkarnationstherapie** und Rückführungsseminare: Interpretation der gegenwärtigen Lebenssituation aus früheren Daseinsformen.

aus: Lamprecht/Biewald, Religiöse Sondergemeinschaften, Psychogruppen, Sekten
© Evangelische Verlagsanstalt, 2005

Die Entstehung des Buches Mormon nach der Schrift „Die köstliche Perle"

In dem Buch „Die Köstliche Perle" sind Offenbarungen des Kirchengründers Joseph Smith gesammelt, z. B. das „Buch Mose" und das „Buch Abraham". Des weiteren findet man hier auch die Lebensgeschichte des Joseph Smith (JSLg). In den Abschnitten 30–60 berichtet er, wie er das Buch Mormon erhält:

JSLg 30 Während ich so im Begriffe war, Gott anzurufen, bemerkte ich, wie in meinem Zimmer ein Licht erschien, das immer stärker wurde, bis der Raum schließlich heller war als am Mittag. Gleich darauf wurde an meinem Bett eine Gestalt sichtbar, und der Betreffende stand in der Luft, denn seine Füße berührten den Boden nicht.

31 Er hatte ein loses Gewand von außergewöhnlicher Weiße an, weißer als alles, was ich auf Erden je gesehen hatte. Ich glaube auch nicht, daß etwas Irdisches so überaus weiß und helleuchtend gemacht werden kann. Seine Hände waren unbedeckt, auch seine Arme bis knapp über dem Handgelenk; ebenso waren seine Füße nackt und auch die Beine bis knapp über dem Knöchel. Haupt und Hals waren auch nicht bedeckt. Ich konnte erkennen, daß er außer diesem Gewand keine andere Kleidung trug, denn es war offen, und ich sah seine Brust.

32 Nicht nur sein Gewand war überaus weiß, sondern die ganze Gestalt war unbeschreiblich herrlich, das Antlitz leuchtend wie ein Blitz. Im Zimmer war es überaus hell, aber doch nicht so hell wie in seiner unmittelbaren Nähe. Als ich ihn erblickte, fürchtete ich mich zuerst; aber bald verließ mich die Furcht.

33 Er nannte mich beim Namen und sagte zu mir, er sei ein Bote, aus der Gegenwart Gottes zu mir gesandt, und heiße Moroni; Gott habe eine Arbeit für mich; mein Name werde bei allen Nationen, Geschlechtern und Sprachen für gut oder böse gelten, ja, man werde bei allen Menschen sowohl gut als auch böse von mir sprechen.

34 Er sagte, es sei ein Buch verwahrt, auf goldenen Platten geschrieben, und darin sei ein Bericht über die früheren Bewohner dieses Erdteils und ihre Herkunft zu finden. Er sagte weiter, in dem Buch sei die Fülle des immerwährenden Evangeliums enthalten, wie es der Erretter jenen Bewohnern einst gebracht habe.

35 Bei den Platten seien auch zwei Steine in silbernen Bügeln verwahrt, und diese Steine – an einem Brustschild befestigt – bildeten den sogenannten Urim und Tummim*: Besitz und Gebrauch dieser Steine hätten früher, in alter Zeit, jemanden zum „Seher" gemacht; Gott habe sie bereitet, damit das Buch übersetzt werden könne.

36 Nachdem er mir das gesagt hatte, begann er, Prophezeiungen aus dem Alten Testament zu zitieren. Zuerst zitierte er einen Teil des dritten Kapitels von Maleachi, und er zitierte auch die sechs letzten Verse aus der gleichen Prophezeiung, allerdings mit einer kleinen Abweichung vom Wortlaut unserer Bibeln. Anstatt den sechstletzten Vers so zu zitieren, wie er in unseren Büchern lautet, zitierte er ihn so:

37 Denn siehe, der Tag kommt, der brennen wird wie ein Ofen; und alle Stolzen, ja, und alle die Schlechtes tun werden wie Stoppeln brennen; denn die, die kommen, werden sie verbrennen, spricht der Herr der Heerscharen, so daß ihnen nicht Wurzel noch Zweig gelassen wird.

38 Und weiter zitierte er den vorletzten Vers so: Siehe, ich werde euch durch den Propheten Elija das Priestertum offenbaren, ehe der große und schreckliche Tag des Herrn kommt.

39 Auch den nächsten Vers zitierte er anders: Und er wird den Kindern die den Vätern gegebenen Verheißungen ins Herz pflanzen, und das Herz der Kinder wird sich ihren Vätern zuwenden. Wenn es nicht so wäre, würde die ganze Erde bei seinem Kommen völlig verwüstet werden.

40 Außerdem zitierte er das elfte Kapitel von Jesaja und sagte, seine Erfüllung stehe soeben bevor. Er zitierte auch das dritte Kapitel der Apostelgeschichte, Vers 22 und 23, und zwar genauso, wie sie in unserem neuen Testament stehen. Er sagte, der betreffende Prophet sei Christus, aber der Tag sei noch nicht gekommen, da jeder, der „diesen Propheten nicht hören will, aus dem Volke ausgetilgt werden soll", werde aber bald kommen.

41 Auch das dritte Kapitel von Joel zitierte er Vers 1 bis zum Schluß. Er sagte auch, dies sei noch nicht erfüllt, werde es aber bald sein. Und weiter bemerkte er, die Zeit der Fülle der Andern werde bald anbrechen. Er zitierte noch viele andere Schriftstellen und gab viele Erklärungen, die hier nicht erwähnt werden können.

42 Weiter sagte er zu mir, wenn ich die Platten, von denen er gesprochen habe, erhalten werde – denn die Zeit, daß sie erlangt werden sollten, sei noch nicht gekommen –, dann dürfe ich sie keinem Menschen zeigen, auch nicht den Brustschild mit dem Urim und Tummim. Nur denen dürfe ich dies zeigen, die mir genannt werden würden, sonst solle ich vernichtet werden. Während er mit mir über die Platten sprach, öffnete sich mir eine Vision, und ich konnte die Stelle sehen, wo die Platten aufbewahrt waren, und zwar so klar und deutlich, daß ich den Ort später wiedererkannte, als ich dorthin kam.

---

* Urim und Tummim: „Licht und Recht", nach 2. Mose 28,30 offenbar alte Orakelgegenstände (Lose), die sich in der Brusttasche des Hohenpriesters befanden und benutzt wurden, um bei schwerwiegenden Entscheidungen Gottes Willen zu erforschen.

43 Nach dieser Mitteilung sah ich, wie sich das Licht im Zimmer um ihn, der zu mir gesprochen hatte, sogleich zusammenzog, bis es im Raum wieder finster war, außer ganz nahe um ihn herum. In diesem Augenblick sah ich gleichsam einen Schacht sich bis in den Himmel öffnen, und der Besucher fuhr in die Höhe auf, bis er ganz verschwunden war; im Zimmer war es jetzt wieder so wie vorher, bevor das himmlische Licht sich gezeigt hatte.

44 Ich lag da und sann über dieses einzigartige Geschehnis nach und wunderte mich sehr über das, was mir dieser ungewöhnliche Bote gesagt hatte. Da, mitten in meinem Nachdenken, bemerkte ich plötzlich, daß es im Zimmer abermals anfing hell zu werden, und gleichsam im nächsten Augenblick stand derselbe Himmelsbote wieder an meinem Bett.

45 Er hob an und sagte mir genau dasselbe, was er mir bei seinem ersten Besuch gesagt hatte, ohne die geringste Abweichung. Danach unterrichtete er mich über Gottes Strafgericht, das mit großer Verwüstung durch Hungersnot, Schwert und Seuche über die Erde kommen werde, und dieses schmerzliche Strafgericht werde in dieser Generation über die Erde kommen. Nachdem er mir dies mitgeteilt hatte, fuhr er wieder, wie zuvor, in die Höhe auf.

46 Dies hatte mich nun so tief beeindruckt, daß mich der Schlaf floh und ich wach dalag, überwältigt von dem, was ich gesehen und gehört hatte. Wie groß war aber meine Überraschung, als ich denselben Boten wiederum an meinem Bett erblickte und all das wiederholen hörte, was er mir schon zuvor gesagt hatte! Er fügte noch eine Warnung hinzu und sagte, der Satan werde mich – wegen der ärmlichen Verhältnisse in meines Vaters Familie – in Versuchung führen wollen, nämlich daß ich die Platten an mich nähme, um reich zu werden. Dies verbot er mir. Er sagte, wenn ich die Platten erhielte, dürfe ich nichts anderes im Sinn haben, als Gott zu verherrlichen; ich dürfe keinen anderen Beweggrund haben als den, das Reich Gottes aufzubauen; denn sonst würde ich sie nicht bekommen.

47 Nach diesem dritten Besuch fuhr er in den Himmel auf wie zuvor, und ich war wieder allein und konnte über all das Seltsame nachdenken, das ich soeben erlebt hatte. Aber kaum war der Himmelsbote zum dritten Male von mir aufgefahren, da krähte der Hahn, und ich wurde gewahr, daß es Tag wurde. Diese Besuche mußten somit die ganze Nacht gedauert haben.

48 Kurz darauf erhob ich mich und ging wie gewöhnlich an die notwendige Tagesarbeit; als ich aber zu arbeiten anfing, war ich derart erschöpft, daß ich zu nichts fähig war. Mein Vater, der mit mir zusammen arbeitete, bemerkte, daß mit mir etwas nicht in Ordnung war, und schickte mich nach Hause. Ich machte mich auf und wollte zum Haus hingehen; als ich aber am Rande des Ackers, auf dem wir arbeiteten, den Zaun übersteigen wollte, verließen mich die Kräfte, und ich fiel hilflos zu Boden; eine Zeitlang war ich gänzlich bewußtlos.

49 Das erste, woran ich mich erinnern kann, war eine Stimme, die zu mir sprach und mich beim Namen rief. Ich schaute auf und sah den gleichen Boten über meinem Haupt stehen, von Licht umgeben wie zuvor. Noch einmal wiederholte er alles, was er mir in der vergangenen Nacht gesagt hatte; er gebot mir, zu meinem Vater zu gehen und ihm von der Vision und den Weisungen, die ich empfangen hatte, zu berichten.

50 Ich gehorchte, ging zu meinem Vater auf den Acker zurück und erzählte ihm alles. Seine Antwort war, es sei von Gott und ich solle hingehen und tun, was der Bote mir geboten habe. Ich ging von dem Acker weg und an den Ort, wo nach den Worten des Boten die Platten aufbewahrt waren; dank der Deutlichkeit der Vision, die ich davon gehabt hatte, erkannte ich die Stelle sofort, als ich dort ankam.

51 Nicht weit von der Ortschaft Manchester, Kreis Ontario im Staate New York, erhebt sich ein Hügel von beträchtlicher Größe, der höchste in der ganzen Umgebung. An seiner Westseite, nur wenig unterhalb der Kuppe, lagen die Platten unter einem Stein von beträchtlicher Größe. Sie waren in einem steinernen Behälter gelagert. Der Stein war an der Oberseite abgerundet, dick in der Mitte und gegen den Rand hin dünner, so daß der mittlere Teil über dem Erdboden sichtbar war; der Rand rundum war in der Erde eingebettet.

52 Nachdem ich die Erde entfernt hatte, suchte ich mir einen Hebel, setzte ihn unter dem Rand des Steines an und hob ihn ohne viel Anstrengung hoch. Ich schaute hinein, und da sah ich tatsächlich die Platten, den Urim und Tummim sowie den Brustschild, ganz so, wie der Bote es gesagt hatte. Der Behälter, worin dies lag, war durch Steine gebildet, die mit einer Art Zement aneinandergefügt worden waren. Auf dem Boden des Behälters waren zwei Steine querüber gelegt, und auf diesen Steinen lagen die Platten und die anderen Gegenstände.

53 Ich machte mich daran, sie herauszunehmen, aber der Bote untersagte es mir; abermals bekam ich zu hören, daß die Zeit, sie ans Licht zu bringen, noch nicht gekommen sei – erst vier Jahre später werde es soweit sein. Er sagte mir aber, ich solle in genau einem Jahr wieder an die gleiche Stelle kommen und er werde mich dann dort treffen. Ich solle dies so lange fortsetzen, bis die Zeit gekommen sei, daß ich die Platten erhalten werde.

54 Ich ging daher, wie mir geboten worden war, immer nach Ablauf eines Jahres dorthin, und jedesmal fand ich den gleichen Boten dort vor und empfing von ihm bei jeder Besprechung Anweisungen und Auskunft darüber, was der Herr vorhabe und wie und auf welche Weise sein Reich in den letzten Tagen zu leiten sei.

...

aus: Lamprecht/Biewald, Religiöse Sondergemeinschaften, Psychogruppen, Sekten
© Evangelische Verlagsanstalt, 2005

59 Endlich kam der Tag, an dem ich die Platten, den Urim und Tummim sowie den Brustschild erhalten sollte. Am 22.September 1827 – wie gewohnt war ich nach Ablauf eines Jahres wiederum an den Ort gegangen, wo sich die Platten befanden – übergab derselbe Himmelsbote sie mir mit der folgenden Ermahnung: Ich solle für sie verantwortlich sein; wenn sie mir aus Unbedachtheit oder durch irgendeine Nachlässigkeit meinerseits abhanden kommen sollten, würde ich ausgetilgt werden; wenn ich aber alle meine Kräfte dafür einsetzen wolle, sie zu bewahren, bis er der Bote, sie wieder abhole, würden sie geschützt sein.

60 Bald fand ich heraus, warum ich diese so strenge Weisung erhalten hatte, sie sicher zu bewahren, und weshalb der Bote gesagt hatte, er werde die Platten wieder abholen, sobald ich vollbracht habe, was mir aufgetragen sei. Kaum war bekanntgeworden, daß sie sich in meinem Besitz befanden, als auch schon die heftigsten Anstrengungen unternommen wurden, sie mir wegzunehmen. Zu diesem Zweck wurde jede nur erdenkliche List angewandt. Ich wurde gehässiger und heftiger verfolgt als zuvor, und eine Menge Leute waren ständig darauf aus, mir wenn möglich die Platten wegzunehmen. Aber dank der Weisheit Gottes blieben sie sicher in meiner Hand, bis ich mit ihnen vollbracht hatte, was von mir gefordert war. Als der Bote, wie vereinbart, sie abholen kam, übergab ich sie ihm, und er hat sie bis zum heutigen Tag, dem 2. Mai 1838, in seiner Obhut.

[Text in Auszügen nach: Die Köstliche Perle, Joseph Smith Lebensgeschichte (JSLg) 30–60; ©The Church of Jesus Christ of Latter-day Saints, Salt Lake City ©für die deutsche Übersetzung: Kirche Jesu Christi der Heiligen der Letzten Tage, Frankfurt a. M. Die vorliegende Ausgabe wurde im Jahre 1978 von Immo Luschin aus dem Grundtext neu übersetzt. Quelle: Die autorisierte elektronische Version für Palm- und Pocket-PC unter http://www.buchmormon.de/download.htm]

Die amerikanische Bibel (Das Buch Mormon)

Joseph Smith hat der klassischen Offenbarungsurkunde des Christentums, der Bibel, weitere Offenbarungszeugnisse gleichberechtigt an die Seite gestellt: das „Buch Mormon", das Buch der „Lehre und Bündnisse", auch „Buch der Gebote" genannt, und die „Köstliche Perle". Im 8. Artikel des Glaubensbekenntnisses schreibt er: „Wir glauben an die Bibel als das Wort Gottes, soweit sie richtig übersetzt ist; Wir glauben auch an das Buch Mormon als das Wort Gottes." Die Bibel wird als göttliche Offenbarung für die östliche Hemisphäre betrachtet, deren Wert aber durch „zahlreiche Fehler" von teilweise erheblichem sachlichem Gewicht geschmälert wird. Das Buch Mormon gilt als die Bibel der Ureinwohner Amerikas, als Offenbarung Gottes für die westliche Hemisphäre. Im Buch der Lehre und Bündnisse sind verschiedenartige Offenbarungen an Joseph Smith und seine Nachfolger gesammelt. Sie beziehen sich, oft bis ins persönliche und geschäftliche Detail, auf Vorgänge aus der Frühgeschichte der Kirche, befassen sich mit Organisationsfragen, Lebensformen und Lehrnormen. Die Köstliche Perle enthält das angeblich wiederaufgefundene und von Smith übersetzte Buch Abraham, das ihm von Gott offenbarte Buch Mose sowie Auszüge aus den Schriften des Propheten und die Glaubensartikel. 1976 wurden noch ein Gesicht von Smith über das himmlische Reich und eine Vision des sechsten Propheten der Kirche, Joseph F. Smith, über die Erlösung der Verstorbenen hinzugefügt. Für die Kirche Jesu Christi der Heiligen der Letzten Tage ist das Buch Mormon neben der Bibel die wichtigste Offenbarungsquelle. Es umfaßt rund 500 Druckseiten und setzt sich aus 15 Büchern zusammen (4 Bücher Nephi, Jakob, Enos, Jarom, Omni, Worte und Buch Mormons, Mosiah, Alma, Helaman, Ether, Moroni). Das Buch Mormon will Geschichts- und Lehrbuch sein. Folgendes, oft bis in die letzten Einzelheiten ausgeführtes Bild der Frühgeschichte Amerikas wird im Buch Mormon entworfen: Während des babylonischen Turmbaues, von dem die Bibel berichtet, gelang es der Sippe Jareds und seines Bruders, den göttlichen Zorn von sich zu wenden. Ihre Sprache wurde nicht verwirrt, wie die der anderen Bauenden. Gott verhieß ihnen, sie in ein Land zu führen, »das vor allen Ländern der Erde erwählt ist«. Unter Jareds Führung wurden acht Schiffe gebaut, und er landete nach 344 Tagen mit all den Seinen in Amerika. Dort wuchs das Volk und breitete sich aus, doch bald entstanden innere Kämpfe und mancherlei Zwistigkeiten. Das Volk fiel von Gott ab. In einer gewaltigen Schlacht, die um das Jahr 590 v. Chr. am Hügel Cumorah stattfand, vernichteten sich die Jarediten gegenseitig. Es fielen, wie das Buch Ether zu berichten weiß, mehrere Millionen Menschen in dieser Schlacht. Der letzte Prophet der Jarediten, Ether, zeichnete die Geschichte seines Volkes auf 24 goldene Platten auf und vergrub sie im Hügel Cumorah. Dort wurden sie im Jahre 122 v. Chr. von Nephiten gefunden. Der nephitische Prophet Moroni las sie und fertigte eine Kurzfassung an, das heutige Buch Ether. Die Nephiten sind Angehörige einer Völkergruppe semitischen Ursprungs, die in einer zweiten Einwanderungswelle zur Zeit der Vernichtung der Jarediten aus Palästina nach Amerika kamen. Um das Jahr 600 v. Chr. verließ der Prophet Lehi, ein Nachkomme Josephs aus dem Stamme Manasse, mit mehreren Familien Jerusalem, bevor es wenige Jahre später zerstört wurde. Auch sie sollten nach göttlichem Befehl nach Amerika auswandern. Lehi nahm auf seine Reise nach Amerika Messingplatten mit, auf denen die fünf Bücher Mose, „die Prophezeiungen der heiligen Propheten, von Anfang an bis zum Beginn der Regierung Zidkijas, sowie viele Prophezeiungen, die durch den Mund Jeremias gesprochen worden waren", standen sowie Geschlechtsregister. Nachdem sie in Amerika angekommen waren und sich ausbreiteten, kam es unter den Söhnen Lehis, Nephi und Laman, zu einer Spaltung des Volkes. Die Nephiten blieben ein frommes, Gott wohlgefälliges Volk, entwickelten eine hohe Kultur, deren Überreste in Mittel- und Südamerika noch heute vorhanden sind. Sie wurden von Propheten und gläubigen Fürsten geleitet. Ihre Geschichte ist Heilsgeschichte voller Verheißungen auf das Kommen Jesu Christi und seiner endzeitlichen Segnungen. Die Lamaniten fielen von Gott ab, konnten ihre ursprüngliche Kulturstufe nicht halten und bekamen zur Strafe von Gott eine dunkle Hautfarbe, es sind die Indianer. Zwischen beiden Völkergruppen herrschte Krieg. Als die Zeit der Geburt Jesu Christi herannahte, wurde auch von amerikanischen Propheten auf dieses wichtige Ereignis hingewiesen. Sein Leben und Lehren hatte indirekte Auswirkungen auf Amerika. Bei seiner Kreuzigung richteten beispielsweise Naturkatastrophen schreckliche Zerstörungen an. Nach der Auferstehung kam Christus nach Amerika und erschien den Nephiten. Er verkündigte das Evangelium in einer Art Kurzfassung, berief 12 Apostel, gründete die Kirche, setzte die Taufe und das Abendmahl ein. Nach seiner Himmelfahrt wuchs die Kirche weiter, selbst die Lamaniten schlossen sich ihr an. Es herrschte nun Frieden und Eintracht zwischen beiden Völkergruppen. Dieser Zustand dauerte ungefähr 200 Jahre, dann setzte erneut der Abfall von Gott ein. Nephiten und Lamaniten begannen, sich wieder zu bekämpfen. Um 400 n. Chr. fand in der Nähe des Hügels Cumorah die letzte Entscheidungsschlacht statt. Die Nephiten wurden vernichtet. Ein nephitischer Prophet, Moroni, überlebte die Schlacht und beschrieb den Untergang seines Volkes. Diesen Bericht sowie die auf goldene Platten

aus: Lamprecht/Biewald, Religiöse Sondergemeinschaften, Psychogruppen, Sekten
© Evangelische Verlagsanstalt, 2005

geschriebenen heiligen Schriften seines Volkes verbarg er im Hügel Cumorah, wo sie dann im Jahre 1823 Joseph Smith von dem inzwischen zu einem Engelwesen gewordenen Moroni zum erstenmal gezeigt wurden. Viel Widersprüchliches ist über das Buch Mormon seit seinem Erscheinen im Jahre 1830 geschrieben worden. Das Urteil der Wissenschaft ist weithin negativ, manche Autoren sehen in ihm eine der „kühnsten religiösen Fälschungen, welche die Neuzeit kennt", andere haben in jüngster Zeit den bereits zu Lebzeiten von Smith erhobenen Vorwurf zu erhärten versucht, daß wesentliche Partien des Buches Mormon einem Roman des kongregationalistischen Geistlichen Salomo Spaulding entstammen, dessen Manuskript Sidney Rigdon aus einer Druckerei in Pittsburgh entwendet und Smith zugespielt habe. Robert N. Hullinger, ein amerikanischer lutherischer Theologe, weist diese These allerdings zurück und sieht in dem Werk „eine schöpferische und echt religiös motivierte Antwort auf religiöse und nationale Probleme" in Joseph Smith' geistigem Milieu. Das Buch Mormon stelle den Versuch dar, „den christlichen Glauben vor der deistischen Kritik zu schützen". Zweifellos enthält das Buch Mormon eine bemerkenswerte Geschichtskonstruktion, die auf dem Hintergrund der Erweckungsbewegungen des 18. und frühen 19. Jahrhunderts sowie zeitgenössischer Versuche einer Identitätsfindung der amerikanischen Gesellschaft zu sehen ist. Das Buch Mormon konstruiert nicht nur eine selbständige, von Europa unabhängige Heils- und Kirchengeschichte, es macht Amerika zum Mittelpunkt des gegenwärtigen und zukünftigen göttlichen Heilshandelns, zum neuen Zion. Damit begründet es entscheidend das Selbstverständnis, den Missionswillen und die Lehrgrundlage der Mormonenkirche. Aus religiöser Sicht ist der Offenbarungscharakter des Buches Mormon kaum in Zweifel zu ziehen. Dabei stellt sich dann die Frage nach wahrer und falscher Offenbarung in aller Schärfe.

[Helmut Obst: Apostel und Propheten der Neuzeit. Gründer christlicher Religionsgemeinschaften des 19. und 20. Jahrhunderts, Göttingen ⁴2000, S. 294–297.]

Was steckt hinter dem Buch Mormon?

Die Frage nach der Echtheit des Buchs Mormon war immer heiß umstritten. Die Mormonen wenden allen Spürsinn auf, um Stützen für die Echtheit zu entdecken und die Gegeneinwände zu entkräften. Es geht hier unter anderem um die Frage, ob sich der Bericht des Buchs Mormon von der Besiedlung Amerikas durch vorderasiatische und israelitische Stämme mit den Ergebnissen der Forschung deckt. Das ist nicht der Fall. Trotz intensiver wissenschaftlicher Untersuchungen konnte das Dunkel, das über der Frühzeit Amerikas liegt, bis jetzt noch nicht aufgehellt werden. Die einzelnen Auffassungen gehen weit auseinander.

...

Auf die Frage nach der Herkunft der alten amerikanischen Bewohner und Kulturen werden also sehr verschiedene Antworten gegeben. Aber keine deckt sich mit dem Bericht des Buchs Mormon. Er kommt schon deshalb nicht als ernsthafte Hypothese in Betracht, weil die Sprachen, religiösen Vorstellungen und Bräuche der alten Indianer keinerlei Verwandtschaft mit denen der Hebräer haben.

...

Und die Geschichte von einem zweiten Auftreten Christi in Amerika? Ein solches bedeutsames Ereignis hätte irgendeinen literarischen Niederschlag finden oder sonstige Spuren hinterlassen müssen; aber es lässt sich nichts Derartiges feststellen. Die Abteilung für amerikanische Ethnologie der staatlichen Smithsonian Institution in Washington hat denn auch den Anspruch des Buchs Mormon auf Historizität ausdrücklich zurückgewiesen: „Es gibt nichts, was zeigt, dass die Indianer jüdischer Abstammung seien. Überall in der Welt haben primitive Völker mit den alten Hebräern gemeinsame Züge. Diese Tatsache hat in der Vergangenheit zu vielen Vergleichen zwischen Indianerstämmen und Juden geführt" [zit. n. Reiner Kallus, Die Mormonen, Augsburg 1965, S. 53].

...

Im Buch Mormon wurde die Theorie von der israelitischen Herkunft der amerikanischen Ureinwohner aufgegriffen und zu einer Geschichtskonstruktion ausgeweitet, welche der Weltsendung Amerikas zugleich einen religiösen Charakter gab. Diese Konstruktion besteht aus folgenden Hauptpunkten: Das Volk Israel zerfällt in zwei Teile den palästinischen und den amerikanischen Zweig. Darum ist auch Amerika ein Träger der Heilsgeschichte. Das wird dadurch bestätigt, dass es eine eigene amerikanische Bibel besitzt und dass Christus hier genauso erschienen ist und eine Kirche gegründet hat wie in Palästina. Nach dem Bericht des Buchs Mormon haben sowohl die europäischen Heiden als auch die amerikanischen Nachkommen der Israeliten das Evangelium in reiner Gestalt empfangen. Aber durch die Europäer erfolgte dann „die Gründung einer großen und abscheulichen Kirche, welche die abscheulichste von allen Kirchen ist" [1. Nephi 13,26], der römischen. Auch die Reformation hat nur ein verkürztes und entartetes Evangelium übernommen. Allerdings war auch die „Kirche Christi" in Amerika dem Zerfall preisgegeben und ging schließlich um 400 n.Chr. unter. Aber das ihr anvertraute reine und volle Evangelium wurde durch Joseph Smith auf wunderbare Weise wieder entdeckt, und es wurde die echte und ursprüngliche Kirche wieder errichtet. Das ist das eigentliche Heilsfaktum, das die heutige Weltsendung Amerikas begründet.

...

Zahlreiche Tatbestände beweisen, dass das Buch Mormon eine junge Schöpfung ist. So lässt sich ohne Mühe feststellen, dass viele Einzelstücke genau den gleichen Wortlaut haben wie die Paralleltexte in der englischen King-James-Bibel. Diese ist im Jahr 1611 erschienen. Also konnte das Buch Mormon erst nach dieser Zeit entstanden sein. Wann? Verschiedene Elemente verraten deutlich ihre Herkunft aus der amerikanischen Erweckungsbewegung im Anfang des 19. Jahrhunderts, so die Auffassung von Taufe und Abendmahl.

Dasselbe gilt von der Selbstbezeichnung „Kirche Jesu Christi". Namen wie „Kirche Gottes", „Kirche Christi", „Jünger Christi" sind in jenen Jahrzehnten gern für neu entstehende Erweckungsgemeinschaften gewählt worden. In diesen Namengebungen spiegelt sich der Protest gegen die denominationelle Zerteilung und der Wille, über die von Menschen geschaffenen oder gar nach Menschen genannten Spaltungskirchen römische, anglikanische, lutherische Kirche usw. hinweg zur ursprünglichen Einheit in Christus zurückzukehren. Genau das gleiche Motiv wird im Buch Mormon Christus selbst in den Mund gelegt: „Und wie kann es meine Kirche sein, wenn sie nicht nach meinem Namen genannt wird? Denn wenn eine Kirche nach Moses' Namen genannt würde, dann wäre sie Moses' Kirche; oder wenn sie nach eines Menschen Namen genannt würde, dann wäre sie eines Menschen Kirche. Wenn sie aber nach meinem Namen genannt wird, dann ist sie meine Kirche" (3. Nephi 27, 8).

aus: Lamprecht/Biewald, Religiöse Sondergemeinschaften, Psychogruppen, Sekten
© Evangelische Verlagsanstalt, 2005

Das Buch Mormon ist also keinesfalls in den biblischen Zeiträumen entstanden, sondern stellt eine künstliche Neuschöpfung dar. Der Verfasser mühte sich zwar, in seiner Sprache den Stil der Bibel nachzuahmen. Aber es gelang ihm nur schlecht. Es war ihm genug, biblische Wendungen zu gebrauchen. Damit war er am Ende seiner Kunst. An die Stelle der präzisen Diktion in den Evangelien, wo jeder Satz, jedes Wort bedeutungsschwer ist, trat bei ihm ein Wortreichtum, der in ermüdenden Wiederholungen weniges sagt.

[Kurt Hutten, Seher; Grübler, Enthusiasten. ¹⁴1989, S. 459–463.]

Auszug aus den so genannten „14 Glaubensgrundsätzen", die Eric Kettunen aus Insider-Sicht formuliert. Sie entsprechen nicht den 13 „offiziellen" Glaubensartikeln der Mormonenkirche, systematisieren aber Lehrsätze, die sich in den angegebenen Quellen finden.

[Quelle: www.mormonentum.de]

GOTT WAR EINST EIN MENSCH AUF EINEM ANDEREN PLANETEN.

Das ist die wichtigste Lehre der Kirche, nichts kommt dem gleich. Wir glauben daran, dass Gott einst ein sterblicher Mensch auf einem anderen Planeten war, der sich durch Gehorsam zu den Gesetzen und Verordnungen des Evangeliums in seiner Welt entwickelte und dann starb. Er wurde ein auferstandenes Wesen und entwickelte sich zu einem Gott. Er ist noch immer verheiratet (einige frühe Kirchenführer sagen mit vielen Frauen) und erschuf diese Welt. Wir anerkennen ihn als den einen wahren Gott, obwohl er nur einer von Millionen und Milliarden ist. Wir glauben daran, dass wir seinem Beispiel folgen, ebenfalls perfekte Götter und Göttinnen werden und mit unseren eigenen Geistkindern andere Welten bevölkern werden. Die Familie ist die Grundlage für das Leben in der nächsten Welt – als Familie – als Götter.

Quelle: Journal of Discourses, Band 6, Seite 4, 1844. Joseph Smith: „... ihr müsst lernen, selbst Götter zu sein, und Könige und Priester Gottes, genauso wie alle Götter vor euch, – konkret, durch das Nehmen einer kleinen Stufe nach der anderen ..."
Quelle: Journal of Discourses, Band 6, Seite 275, 1852. Brigham Young: „Nachdem die Menschen ihre Erhöhungen und ihre Kronen bekamen – wurden sie Götter..."

WIR SIND GENAUSO EWIG WIE GOTT.

Wir glauben daran, dass wir seit Ewigkeiten existieren. Zuerst existierten wir als „Intelligenzen", die ewig und unerschaffbar sind, dann bekamen wir von unseren ewigen Eltern im Himmel einen Geistkörper. Unsere „Intelligenz" existiert schon genauso ewig wie die unseres Gottes und wir waren in der einen oder anderen Form mit ihm zusammen. Er hat sich einfach nur eher entwickelt als wir.

Quelle: Journal of Discourses, Band 6, Seite 7, 1844. Joseph Smith: „Gott selbst, als er erkannte, dass er von Geistern und Herrlichkeit umgeben war, denn er war intelligenter, hielt es für angebracht, Gesetze zu schaffen, wonach wir übrigen uns so entwickeln dürfen wie er selbst."

DIE HERKUNFT JESU.

Jesus wurde durch die körperliche Vereinigung von Gott und Maria gezeugt. Da Gott einen Körper aus Fleisch und Gebein hat, hatte er richtigen sexuellen Verkehr mit Maria. Das Ergebnis dieser Vereinigung war Jesus, halb Mensch und halb Gott. Wir glauben daran, dass Jesus der Erstgeborene unserer himmlischen Eltern ist, die seinen Geist und unseren Geist schufen, indem sie die „Intelligenz" als Grundlage für unseren Geist verwendeten. Da er der erstgeborene Geist war und laut dem Buch Abraham seine „Intelligenz" besser war als die anderen „Intelligenzen", war er die wichtigste Geistschöpfung. Als Jesus durch die Vereinigung von Gott und Maria einen physischen Körper erhielt, wurde sein Geist genauso in seinen Körper gebracht, wie auch unser Geist in unseren Körper gebracht wurde. Dennoch war sein Körper ein besonderer, da Gott sein Vater war. Wir anderen haben dagegen nur einen normalen Vater.

Quelle: Journal of Discourses, Band 11, Seite 51, 1852. Brigham Young: „Jesus, unser älterer Bruder, wurde im Fleisch von derselben Gestalt gezeugt, die im Garten Eden war, die unser Vater im Himmel ist."
Quelle: Journal of Discourses, Band 15, Seite 770, 1853. Brigham Young: „Denkt von jetzt an und für immer daran, dass Jesus Christus nicht vom Heiligen Geist gezeugt wurde... wenn der Sohn vom Heiligen Geist gezeugt worden wäre, wäre es sehr gefährlich, Frauen zu taufen und zu konfirmieren, und ihnen den Heiligen Geist zu spenden, da sie dann Kinder empfangen würden..."

aus: Lamprecht/Biewald, Religiöse Sondergemeinschaften, Psychogruppen, Sekten
© Evangelische Verlagsanstalt, 2005

Faksimile Nr. 2 aus dem Buch Abraham

Im Buch Abraham wird eine Erläuterung zu diesem Bild gegeben, die nur sehr schwer zu verstehen ist. Die Art der Darstellung suggeriert, das es sich um altes ägyptisches Geheimwissen handelt. So werden auch viele ägyptische und hebräische Wörter benutzt, die wenig erklären, aber geheimnisvoll klingen. Im Zentrum des Bildes (1) steht der Planet Kolob, der als Gotteswohnung bezeichnet wird. (3) soll Gott darstellen, wie er auf dem Thron sitzt. Die anderen Details der Abbildung bezeichnen Teile der Schöpfung mit gottähnlichen Wesen (z. B. 2). Eine ganze Reihe von Details, die mit Ziffern bezeichnet sind, können noch nicht erklärt werden, weil ihr Sinn noch nicht offenbart wurde.

Dieses Faksimile verdeutlicht, wie Joseph Smith den mormonischen Glauben in der frühesten Geschichte verwurzeln will, indem er Anleihen bei ägyptischen Vorstellungen aufnimmt. Allerdings wird für die Gläubigen damit mehr verschlüsselt als offenbart.

Die vollständige Erklärung findet sich im Buch „Die Köstlich Perle", Buch Abraham, Kapitel 3 und im dortigen Erklärungstext zum Faksimile 2.

Quelle: Die autorisierte elektronische Version für Palm- und Pocket-PC unter http://www.buchmormon.de/download.htm; ©The Church of Jesus Christ of Latter-day Saints, Salt Lake City ©für die deutsche Übersetzung: Kirche Jesu Christi der Heiligen der Letzten Tage, Frankfurt a. M.

Die Rituale der Mormonen

Die Texte der Mormonen sind, im Gegensatz zu den übrigen Dokumenten in diesem Buch, Abschriften von Tonbändern, die in den Tempeln vorgespielt wurden. Bei der „Kirche Jesu Christi der Heiligen der letzten Tage" geht die Verschwiegenheit viel weiter, als bei den meisten anderen Geheimbünden. Während man dort nur gegenüber Profanen oder Mitgliedern unterer Grade Stillschweigen über die Rituale etc. bewahren muss, haben die Mormonen eine viel rigidere Vorstellung von Verschwiegenheit. Bevor man in den Tempel kommt, erfährt man auch auf Nachfragen nichts über die Handlungen, die im Tempel vollzogen werden, und wenn man den Tempel verlassen hat, dann hat man sich verpflichtet mit niemandem anderem darüber zu sprechen, was bei den Zeremonien passiert ist. Selbst gegenüber den Personen, die ebenfalls das Tempelritual erlebt haben, würde ein Gespräch darüber ein Verstoß gegen das Versprechen bedeuten. Nur innerhalb des Tempels ist es einen kurzen Augenblick, wenn man sich in einem bestimmten Raum aufhält, möglich, frei zu sprechen. Die übrige Zeit ist jeder mit sich, seinen Erfahrungen und Gedanken über das erlebte Ritual allein gelassen.

In der Totentaufe lassen sich Mormonen stellvertretend für verstorbene Menschen taufen. Durch die Totentaufe, wie auch alle anderen Rituale, die ebenfalls stellvertretend für Verstorbene durchgeführt werden können, sollen die Voraussetzungen dafür geschaffen werden, dass der Mensch in die himmlische Herrlichkeit eingehen kann. Bei Männern wird nach der Taufe sofort die Ordination zum „Melchizedekischen Priestertum" vollzogen. In dem nun folgenden ausführlichen Teil, dem „Endowment" (Ausstattung) erhalten die Teilnehmerinnen und Teilnehmer geheime Belehrungen, Gesetze sowie Passworte und Handgriffe, die sie später benötigen, wenn sie in die himmlische Herrlichkeit eingehen wollen. Zur Vorbereitung auf die Ausstattung zieht jede Person eine Art weißen Poncho an und nimmt an der rituellen Waschung und Salbung teil. Dabei werden alle Körperteile gereinigt, und diese Reinigung wird mit der Salbung versiegelt. Nach der Einkleidung mit dem Gewand des Priestertums und der Übergabe des „Neuen Namens", den man geheim halten muss, beginnen die Unterweisungen. Dazu begibt man sich in einen Saal, in dem per Tonband- und Videovorführung die Unterweisung stattfindet. Immer dann, wenn bestimmte Griffe genannt werden, führt ein Mensch vor dem Auditorium diese pantomimisch vor. Nur an einer einzigen Stelle, wenn ein Gebet gesprochen wird, wird dieses ‚live' von dem Tempelarbeiter am Altar formuliert. Bei der Zeremonie am Vorhang, bei der die Tempelbesucher die gelernten Griffe und Passworte anwenden müssen, um in den „Celestialen Raum" zu gelangen, spricht ein Tempelarbeiter mit einem zweiten Tempelarbeiter hinter dem Vorhang einen genau festgeschriebenen Dialog, der keinerlei Abweichungen zulässt.

Die Ausstattung hat zwei Dimensionen: die Unterweisung in den Griffen und Passworten und die „theologische" Unterweisung über den Beginn der Schöpfung und der Menschheitsgeschichte. Diejenigen, die der Meinung waren, dass hier allgemein bekanntes christliches Gedankengut verbreitet wird, werden eine große Überraschung erleben. Die Schöpfung wurde von drei Göttern – Elohim, Jehova und Michael – vollzogen, Elohim gibt die Aufträge, während Jehova und Michael diese Aufträge auf der Erde ausführen. Die Schöpfung ist nicht die erste, sondern eine in einer Reihe von anderen Schöpfungen, in denen sich bereits ähnliches ereignet hatte. Der erste Mensch, Adam, ist in Wirklichkeit Michael gewesen, der in einen tiefen Schlaf versetzt wurde und sich nach seinem Erwachen nicht mehr an seine Herkunft erinnern kann.

Bei dem „Gesetz des Gehorsams" und dem „Gesetz des Opfers" wird ein Zeugenpaar an den Altar gebeten und die ganze Versammlung verpflichtet sich, den Gesetzen Folge zu leisten. Nun folgen die Erkennungszeichen, Namen, Gesten und Strafen mit denen die „Patrons", so die offizielle Bezeichnung der Teilnehmer der Tempelzeremonien, vertraut gemacht werden. Diese werden für heilig erklärt und unterliegen der Verpflichtung der Geheimhaltung. Selbst unter Lebensgefahr dürfen sie nicht verraten werden. Ausgenommen davon ist einzig die Zeremonie am Vorhang, an der sie angewendet werden. Die Strafen deuten an, auf welche Weise man sein Leben verlieren kann, wenn man sich nicht an die Verpflichtung der Geheimhaltung hält. Nachdem die Patrons das erste Erkennungszeichen erhalten haben, geht die Filmvorführung mit Adam und Eva weiter. Luzifer engagiert für Adam einen Prediger, der äußerlich als kirchlicher Vertreter zu erkennen ist, der die Menschen und Adam belehren soll. Der Prediger soll dafür bezahlt werden, dass die Menschen sich bekehren, was wohl soviel heißen soll, dass sie sich von der wahren Lehre abwenden müssen. Inhalt seiner Predigt ist, dass Gott ohne Körper, dass er überall und nirgends ist, dass Wesen durch die Gnade und nicht durch eigene Anstrengung erlöst sind, dass es keinen Teufel gibt, dass die Hölle ein Feuersee ist, und dass die Bösen dort hineingeworfen werden, wo sie ständig brennen aber nicht verbrennen. An alles dies glaubt Adam nicht, er wartet auf die Boten Gottes, Petrus, Johannes und Jakobus, die ihm neue Unterweisungen geben. Adam hat treu das Erkennungszeichen bewahrt,

aus: Lamprecht/Biewald, Religiöse Sondergemeinschaften, Psychogruppen, Sekten
© Evangelische Verlagsanstalt, 2005

und auch nicht gegen Geld preisgegeben. So werden die drei Boten Gottes wieder auf die Erde geschickt, um mit dem Menschen einen Bündnisvertrag zu schließen, nachdem Oberflächlichkeit, lautes Lachen, böses Reden über die Gesalbten des Herrn, das unnütze Führen des Namens des Herrn sowie unreine Handlungen vermieden werden sollen. Darüber hinaus erhalten sie das zweite Erkennungszeichen des „Aaronischen Priestertums". Dazu gehört auch das Anlegen der entsprechenden Kleidung, zu der unter anderem auch ein Schurz zählt. Damit ist das „Aaronische Priestertum" beendet.

Für die Mormonen ist das Priestertum die Grundlage, auf der sie exklusiv das himmlische Heil erlangen können. Das „Aaronische Priestertum", das sich auf Exodus 28-30 bezieht, ist die einfache Version, die vor allem dem Dienst im Gemeindeleben zugeordnet wird. Das höhere „Melchizedekische Priestertum" (vgl. Gen 14) bezieht sich auf die geistlichen Angelegenheiten und ist den Tempelritualen zugeordnet. Nach der Vorstellung der Mormonen ist das Priestertum durch den Glaubensabfall von der Erde verschwunden. Jesus war der letzte Träger des „Melchizedekischen Priestertums", und es wurde erst 1829 durch Johannes den Täufer und durch Petrus, Jakobus und Johannes wiederhergestellt.

In der folgenden Sequenz des Tonbands erhalten die Patrons das „Erste" und das „Zweite Erkennungszeichen des Melchizedekischen Priestertums", wiederum samt Namen, Geste und Strafe. Dazu kommt noch das „Gesetz der Hingabe" mit dem man sich verpflichtet, seine Zeit der „Kirche Jesu Christi der Heiligen der letzten Tage" zu widmen, um das Reich Gottes auf Erden zu erbauen.

In der Zeremonie werden den Patrons die Symbole, die sich sowohl auf ihrer Tempelbekleidung als auch auf dem Vorhang finden, erklärt: das Winkelmaß als Zeichen dafür, dass man die übernommenen Bündnisverpflichtungen annimmt, der Zirkel als Zeichen, dass man seine Triebe und Leidenschaften mäßigt sowie die Nabel- als auch die Kniemarkierung. Die Patrons müssen durch den Vorhang durch und werden dazu von einem Tempelarbeiter, der hinter dem Vorhang steht, examiniert, in dem er sie nach den Namen und Griffen fragt. Dazu werden die Hände durch Schlitze im Vorhang gesteckt. Der komplette Dialog läuft zwischen zwei Tempelarbeitern ab, der Patron muss nur an den entsprechenden Stellen die Namen durch den Vorhang flüstern. Hier erst erfährt er den Namen des „Zweiten Erkennungszeichens des Melchizedekischen Priestertums", wobei der Tempelarbeiter, der Gott repräsentiert, den Patron in einer bestimmten Weise – den „Fünf Punkten der Bruderschaft" – umklammert und den Namen flüstert. Danach geht der Patron in das Himmelreich ein.

Ein weiteres allgemeines Ritual bei den Mormonen ist die Siegelung. Dabei werden die Ehepaare und Eltern mit ihren Kindern für die Ewigkeit verbunden. Diese Zeremonie kann ebenfalls wie die vorhergehenden stellvertretend für Tote durchgeführt werden.

Während die vorstehenden Rituale in der Regel hintereinander bei einem Tempelbesuch erteilt werden können, ist die „Zweiten Salbung" davon vollkommen unabhängig, sie gehört zu den geheimsten Dingen im Tempel und ist den meisten Mormonen nur vom Hörensagen her bekannt. In der „Zweiten Salbung" erhalten die Menschen die höchste Segnung, die „Fülle des Priestertums", die die Mormonen vergeben.

Am 28. September 1843 wurde an Joseph Smith zum ersten Mal das Ritual vollzogen; er selber gab es bis Ende 1844 an etwa 20 führende Mormonen und deren Ehefrauen weiter. Bis 1846 wurden ca. 6 000 „Zweite Salbungen" vorgenommen, bis Mitte 1920 wurden wahrscheinlich einige tausend Mormonen mit der „Zweiten Salbung" versehen. Um dieses Ritual besonders geheim zu halten, gab es um die Jahrhundertwende die Regelung, dass pro Woche nur ein Paar mit dieser Salbung versehen wurde, und dass leitende Mitglieder (Stake-Präsident) Kandidaten vorschlagen konnten. Dazu füllte man einen normalen Tempelempfehlungsschein aus, der an den Präsidenten der Kirche geleitet wurde. Es gab darin keinerlei schriftliche Hinweise darauf, dass der Kandidat für die „Zweite Salbung" vorgeschlagen wurde. Aus den beigefügten biographischen Daten konnte man erkennen, dass es sich wohl um die zweite Salbung handeln musste. Stimmte der Präsident dem zu, schickte er den gegengezeichneten Schein zurück, und erst danach wurde mit dem Kandidaten darüber gesprochen, dass er für die „Zweite Salbung" vorgesehen ist. Die strenge Limitierung von einem Paar pro Woche hatte sicher auch damit zu tun, dass man diese Zeremonie ganz unauffällig im Tempel vollziehen wollte.

Heute wird diese Zeremonie wahrscheinlich nur noch ganz selten vollzogen und zwar für den amtierenden Propheten, seine „Apostel" und einige wenige Auserwählte. Durch die Salbung werden Menschen „schon im irdischen Leben zu ‚Göttern' gesalbt"; das bedeutet, dass durch diese Salbung das irdische Leben mit dem ewigen Leben verbunden wird, und die Gesalbten können sich auch der Berufung und Erwählung zu „Königen und Priestern dem höchsten Gott" sicher sein.

[Ulrich Rausch: Die verborgene Welt der Geheimbünde. Mit dem Lexikon der okkulten Zeichen, Symbole und Rituale, München 1999, S. 405–409.]

 Ethische Leitsätze der Mormonen

Aus den 13 Glaubensartikeln der Kirche Jesu Christi der Heiligen der Letzten Tage

11. Wir beanspruchen für uns das Recht, Gott den Allmächtigen zu verehren, wie es uns das Gewissen gebietet, und wir gestehen allen Menschen das gleiche Recht zu, mögen sie verehren, wie oder wo oder was sie wollen.

12. Wir glauben, dass es recht ist, einem König oder Präsidenten oder Herrscher, einer Obrigkeit untertan zu sein und den Gesetzen zu gehorchen, sie zu achten und für sie einzutreten.

13. Wir glauben, dass es recht ist, ehrlich, treu, keusch, gütig und tugendhaft zu sein und allen Menschen Gutes zu tun; ja, wir können sagen, dass wir der Ermahnung des Paulus folgen – wir glauben alles, wir hoffen alles, wir haben viel ertragen und hoffen, alles ertragen zu können. Wenn es etwas Tugendhaftes oder Liebenswertes gibt, wenn etwas guten Klang hat oder lobenswert ist, so trachten wir danach.

Praxis

Da der Mensch durch Befolgen der Gebote und Vollzug der Rituale sein eigenes Heil wirken muss, legen die Mormonen großen Wert auf moralisches Verhalten, wobei sie im Allgemeinen der christlich-bürgerlichen Moral folgen. Einen besonderen Wert stellt die Familie dar, denn sie gebe himmlischen Geistwesen die Möglichkeit, sich als Menschen auf die Erde zu begeben und sich dort weiter zu entwickeln. Deshalb wird auch die Geburtenkontrolle abgelehnt. In der Regel montags verbringen die mormonischen Familien einen „Familienabend" mit Spiel, Gesang und der Lektüre der Hl. Schriften. Die im Tempel geschlossene (gesiegelte) Ehe wird als Vorbedingung für das Erreichen der höchsten Vollkommenheitsstufen gesehen. Folgerichtig gilt Ehebruch nach Mord als zweitschwerstes Vergehen. Die 1852 eingeführte Vielehe wurde 1890 abgeschafft und hat sich nur bei einigen kleinen Abspaltungen erhalten. Besonderheiten sind das Verbot von Tabak, Alkohol und heißen Getränken (schwarzer Tee und Kaffee) sowie die Mäßigkeit beim Verzehr von Fleisch. Monatlich gibt es einen Fasttag. Trotz moralischem Rigorismus wird die Lebensfreude (Spiel, Sport, Gesang, Tanz) gefördert. Die Mitglieder unterstützen ihre Kirche durch die Zahlung des Zehnten (10 % des Einkommens).

Viele jüngere Mormonen verpflichten sich zu einem 18- bis 24-monatigen Missionsdienst meist in einem anderen Land, der von ihnen bzw. ihrer Familie finanziert wird. Weltweit sind ständig ca. 60 000 solcher Missionare im Einsatz. Über die Missionsaktivitäten wacht der „Rat der Siebziger". Das Gemeindeleben der Ortsgemeinde ist meist sehr rege mit vielen Kreisen für verschiedene Zielgruppen.

[Baer, Harald/Gasper, Hans u. a. (Hrg.), Lexikon neureligiöser Gruppen, Szenen und Weltanschauungen, Freiburg 2005, Sp. 694 f.]

aus: Lamprecht/Biewald, Religiöse Sondergemeinschaften, Psychogruppen, Sekten
© Evangelische Verlagsanstalt, 2005

Liebevolle
Energie- & Lichtarbeit
auf körperlicher &
geistiger Ebene

AURA LESEN

mediale Beratung für alle
Lebensbereiche, Verhaltensmuster
erkennen und lösen, um unser
volles Potential zu leben

Bruno Gröning (1906 bis 1959)

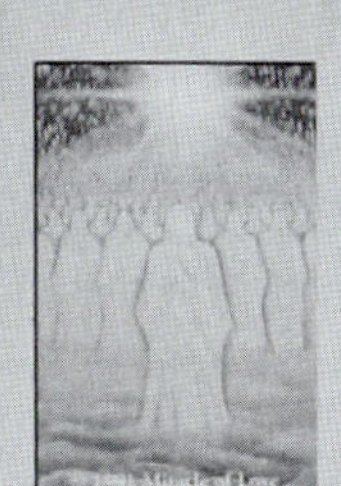

Das ist es!
Es ist
die Wahrheit!
Es ist Gott!
Es ist innen!

Medium

mit langjähriger Erfahrung bietet
Ihnen die Hilfe in den Bereichen

**Geschäft und Beruf
Ehe und Partnerschaft
Liebe, Gesundheit, Geld**

sowie weiße Magie, Geschäftsmagie,
Energieübertragung und Befreiung
von negativen Einflüssen

Rufen Sie mich gerne an und vereinbaren
einen Termin. Beratung persönlich und
telefonisch von 14.00 bis 22.00 Uhr.

☎ 094 53/

Komm zum
Miracle of Love°
Intensive

Tel.: (0049)

Für Informationen über
Veranstaltungen in Basel:
Tel.: (0041)

Miracle of Love°
www.miracle.org

Kurzdarstellung im Sachteil dieses Heftes S. 26 f.

„Vertraue und glaube. Es hilft, es heilt die göttliche Kraft."*

„Sie sind mit einer Glühbirne zu vergleichen, und wenn Sie nicht den Anschluss an das Gute, an das göttliche Werk haben, von dem sie den Lebensstrom beziehen, dann können Sie auch nicht leben. Dann sind sie wertlos wie die Glühbirne."**

„Ich werde nicht tot sein, wenn man mich ruft, komme ich und helfe weiter, so Gott will."***

Kurze Eigendarstellung unter: http://www.bruno-groening.de/

Der Bruno Gröning-Freundeskreis führt das Werk Bruno Grönings fort. In ihm haben sich Menschen zusammengefunden, die auch heute Heilung durch die Lehre Bruno Grönings erlangen wollen oder schon erlangt haben.

Leiterin des Freundeskreises ist Grete Häusler. Sie lernte Bruno Gröning im August 1950 kennen und erhielt schon bei der ersten Begegnung Heilung von drei unheilbaren Leiden. In den folgenden Jahren begegnete sie Bruno Gröning noch oft, arbeitete eng an seiner Seite und bemühte sich, Hilfe suchenden Menschen seine Lehre nahe zu bringen. Aus diesem Bemühen heraus rief sie 1979 den Bruno Gröning-Freundeskreis ins Leben. Es gibt inzwischen mehrere hundert örtliche Gemeinschaften in Deutschland, benachbarten europäischen Ländern und zunehmend auch weltweit. Einige zehntausend Freunde treffen sich in der Regel in dreiwöchigen Abständen zu Gemeinschaftsstunden. Die Leiter der Gemeinschaften und deren Helfer kommen in Arbeitskreisen zusammen, um anstehende Aufgaben zu besprechen und zu koordinieren. Die aktiven Freunde arbeiten eigenverantwortlich an ihren Aufgaben. Alle Arbeiten werden ehrenamtlich und unentgeltlich ausgeführt.

Neben den örtlichen Gemeinschaften für Erwachsene, Jugendliche und Kinder sind auch Sondergemeinschaften entstanden, z. B. die weltweite Betreuung einzelner Freunde in verschiedenen Sprachen oder spezielle Gemeinschaften als Ausweg aus der Drogensucht. Für Freunde aus medizinischen Berufen gibt es die Medizinisch-Wissenschaftliche Fachgruppe (MWF).

Die Zugehörigkeit zum Freundeskreis ist unabhängig von Bindungen an Kirchen oder sonstige religiöse oder weltanschauliche Gruppierungen. Bindungen finanzieller oder rechtlicher Art bestehen nicht. Das Werk Bruno Grönings finanziert sich ausschließlich auf der Basis freiwilliger Spenden. Entsprechend dem Vorbild Bruno Grönings wird im Freundeskreis nicht diagnostiziert, therapiert, untersucht oder behandelt. Von Medikamenteneinnahme und Arztbesuch wird weder abgeraten, noch wird dies empfohlen. Jede Heilung ist ein Geschenk und somit eine göttliche Gnade. Deshalb ist ein Heilversprechen unmöglich und wird im Bruno Gröning-Freundeskreis auch nicht gegeben.

*   aus einem Werbefaltblatt vom März 1994 in Leipzig.
**   Zeitschrift des Bruno-Gröning-Freundeskreises, Grete Häusler-Verlag, Sonderdruck 1993, S. 26.
*** „Hilfe und Heilung auf geistigem Wege durch die Lehre Bruno Grönings", Kurzinformation, Grete Häusler-Verlag.

Grönings Lehre und christlicher Glaube M 3-3

So wird die Lehre Bruno Grönings auf der Internetseite des Bruno-Gröning-Freundeskreises (BGF) zusammengefasst (www.bruno-groening.de). Detaillierte Informationen gibt es auch auf dieser Seite.

Die Lehre Bruno Grönings

ZUSAMMENFASSUNG

Die Lehre Bruno Grönings geht vom Einfluss geistiger Kräfte auf den Menschen aus. Der Einfluss dieser Kräfte ist größer, als von den meisten Menschen angenommen.

Bruno Gröning vergleicht den Menschen mit einer Batterie. Im täglichen Leben gibt jeder Kraft ab. Jedoch wird die benötigte neue Lebensenergie oft nicht mehr ausreichend aufgenommen. Ebenso wie eine leere Batterie nicht funktionstüchtig ist, kann ein kraftloser Körper seine Aufgaben nicht erfüllen. Abgespanntheit, Nervosität, Lebensängste und letztlich Krankheit sind die Folgen.

Bruno Gröning erläuterte nun, wie der Einzelne wieder zu neuen Energien kommen kann. Der Glaube an das Gute ist hierfür ebenso Voraussetzung wie der Wille zur Gesundheit. Der Mensch ist überall von Heilwellen umgeben, die er nur aufzunehmen braucht. Laut Bruno Gröning gibt es keine unheilbare Krankheit, was die ärztlich geprüften Erfolgsberichte bestätigen. Die Heilungen geschehen hier allein auf geistigem Wege und sind daher nicht an Bruno Grönings materiellen Körper gebunden.

Um diesen Heilstrom aufzunehmen, sitzt der Hilfesuchende mit geöffneten Händen. Arme und Beine sind nicht verschränkt, um das Fließen des Heilstroms nicht zu unterbinden. Gedanken an Krankheit und Sorge wirken hinderlich, Gedanken an etwas Schönes hingegen sind hilfreich.

Wenn der Heilstrom durch den Körper fließt, stößt er auf die Organe, die durch Krankheit belastet sind und beginnt dort seine reinigende Wirkung. Dabei kann es zu Schmerzen kommen, die ein Anzeichen für die Reinigung des Körpers sind. Da die Krankheit ihrem Wesen nach nicht von Gott gewollt ist, wird sie nach und nach beseitigt. Dies kann in einzelnen Fällen auch spontan geschehen. Hierzu ist es notwendig, dass sich der Mensch nicht mehr gedanklich mit der Krankheit beschäftigt, sondern daran glaubt, dass es für Gott kein „Unheilbar" gibt.

Um auch weiterhin gesund zu bleiben, stellen sich die Bruno Gröning-Freunde täglich auf den Empfang des Heilstroms ein. Der gesunde Körper bildet die Grundlage für ein Leben in Einklang mit sich selbst, den Mitmenschen und der Natur.

Das Ziel der Lehre Bruno Grönings ist es, einen Kranken zu einem lebensfrohen Menschen zu machen, der frei von körperlichen und seelischen Belastungen ist.

Vergleiche dazu die Ausführungen im Sachteil S. 26 f.
Wo liegen die Hauptunterschiede zu christlichen Auffassungen von Gott, Mensch, Erlösung, Heil und Heilung?
Welchen Vorstellungen anderer Religionen entsprechen die Lehren Grönings eventuell? Vgl. dazu auch M 3-4.

aus: Lamprecht/Biewald, Religiöse Sondergemeinschaften, Psychogruppen, Sekten
© Evangelische Verlagsanstalt, 2005

Esoterik und Heilung

Das esoterische und religiöse Wissen fremder Kulturen wird in unserer eigenen, postmodernen Alternativkultur nicht in authentischer Form zur Methode gemacht.
Die Gemeinsamkeiten entstehen erst durch deren *Rezeption* mit dem Ziel „ganzheitlicher" und „alternativer" Heilung.

GEMEINSAMKEITEN DES HEILUNGSVERSTÄNDNISSES:

1. Primat des Geistes über die Materie
   Jede Krankheit hat eine Bewusstseinsursache und einen verstehbaren Sinn.

2. Karmisches und evolutionäres Denken
   Die Krankheit ist Teil einer Entwicklung, die durch karmische Bindungen verursacht wird. Diese Bindungen können spirituell gelöst werden (Erleuchtung).

3. Individualismus
   Krankheit gehört nicht zur Gemeinschaft oder zur Natur, sondern zur individuellen Entwicklung.

„ESOTERISCHE" HEILUNG: ALTERNATIV UND GANZHEITLICH

Alternativ:
Bewusste Abwendung von abendländisch-wissenschaftlicher Schulmedizin, z. T. aus der berechtigten Kritik von deren Vereinseitigung heraus („Apparate-Medizin"). Stattdessen werden Natur- und Geistheilungen bevorzugt.

Ganzheitlich („holistisch", gegen „reduktionistisch"):
Heilen soll mehr sein als Naturwissenschaft: erkenntnis- und zielgeleitetes Handeln, das weltanschauliche Deutungen von Krankheit und Heil einschließt. Oft werden diese Deutungen gegen naturwissenschaftliche Erklärungen gesetzt.

aus: Lamprecht/Biewald, Religiöse Sondergemeinschaften, Psychogruppen, Sekten
© Evangelische Verlagsanstalt, 2005

[Quelle: Gerald Kluge, http://www.sekten-sachsen.de/ Stichwort „Psychomarkt")

Was sollte mich bei einem „Geist-Heiler" misstrauisch machen?

Er liebt esoterischen Fachjargon.
Er rät zu einer teuren Kur, hat aber nur wenig Zeit für das Erstgespräch.
Er verspricht Ihnen rasche, vollständige Heilung.
Er verspricht, dass die Behandlung unter allen Umständen absolut risikolos und nebenwirkungsfrei ist.
Er prophezeit Ihnen eine schwere Erkrankung oder gar den Tod, falls Sie seine Behandlung ablehnen.
Er vermittelt Ihnen den Eindruck, dass es allein von seinen Heilkräften abhängt, ob Sie genesen.
Mit welchem Befund Sie bereits von Ärzten untersucht worden sind, interessiert ihn nicht. Ebenso wenig fragt er Sie danach, ob und wie Sie bereits behandelt wurden.
Die Behandlung muss unbedingt sofort beginnen, obwohl keine akute Erkrankung vorliegt.
Er steht Ihrem Wunsch, sich vor der Behandlung noch mit jemand anderem zu beraten, ablehnend gegenüber.
Er führt Manipulationen/Behandlungen an Ihnen aus, noch bevor Sie genau wissen, was geschehen soll und bevor Sie dem zugestimmt haben.
Sie vorab näher kennen zu lernen, hält er für überflüssig.
Er äußert sich pauschal abfällig über die „Schulmedizin".
Er fordert, alle anderen Medikamente abzusetzen.
Er verlangt Vorauszahlungen für eine länger dauernde Behandlung.
Er reagiert unwirsch auf die Bitte, Barzahlungen zu quittieren.

Was sind Kennzeichen für seriöse Heiler?

Er dokumentiert seinen beruflichen Werdegang und ist bereit, entsprechende Fragen zu beantworten.
Es gibt feste Praxiszeiten.
Er fragt, ob ein (anderer) Schulmediziner bereits eine Diagnose erstellt hat und lässt sich diese mitteilen.
Er fragt nach Beschwerden, Lebensumständen und Arbeitsbedingungen.
Er fragt, ob und wie die Beschwerden bisher behandelt wurden.
Er untersucht Ihren Körper.
Er sagt, wie er die Krankheit diagnostiziert.
Er bespricht mit Ihnen das Untersuchungsergebnis.
Er teilt mit, welchen Behandlungsweg er einschlagen möchte.
Er zeigt eventuelle Behandlungsalternativen auf.
Er begründet, warum er gerade zu dieser Therapie rät.
Er bespricht, wie Sie sich hinsichtlich der Medikamente verhalten sollen, die Ihnen andere Behandler verordnet haben.
Er erstellt einen Behandlungsplan.
Er holt Ihre Zustimmung ein, bevor er vom besprochenen Behandlungsplan abweicht.
Er bespricht mit Ihnen die Finanzierung der Behandlung und eine eventuelle Kostenübernahme durch die Krankenkasse.

aus: Lamprecht/Biewald, Religiöse Sondergemeinschaften, Psychogruppen, Sekten
© Evangelische Verlagsanstalt, 2005

 Die Osho-Bewegung (früher: Bhagwan)

Geschichte

Die Osho-Bewegung (andere Bezeichnungen: Bhagwan-Begegung, Neo-Sannyas-Bewegung) wurde von Rajneesh Chandra Mohan gegründet. Rajneesh wurde am 11.12.1931 in Kuchwada im Bundesstaat Andhya Pradesh (Indien) geboren. Er starb am 19.1.1990 in Poona. Seine Familie gehörte der Digambara-Jain-Religion an, einer mönchsgeleiteten Religionsgemeinschaft. Ab Mai 1971 wurde er von seinen Anhängern „Bhagwan" genannt, was etwa mit „der, der Gott realisiert hat" übersetzt werden kann. Im März 1989 wählte er die Bezeichnung „OSHO". Dieser Titel kommt aus dem japanischen Zen-Buddhismus und heißt „der erleuchtete Meister"; ursprünglich war es ein Ehrentitel für Bodhidharma [Anm.: ein „Patriarch" des Zen-Buddhismus].

Am 21.3.1953 wird er nach eigenen Angaben in Jabalpur erleuchtet. 1957 macht er seinen Master of Arts in Philosophie mit Auszeichnung und wird Dozent am Sanskrit College in Rajpur. 1958 wird er Professor am Mahakoshal Arts College der Universität Jabalpur. 1970 führt Rajneesh in Bombay zum ersten Male die von ihm entwickelte „Dynamische Meditation" durch. Er initiiert im gleichen Jahre sechs Jünger als Sannyasins. Damit beginnt die „Neo-Sannyas-International"-Bewegung. 1974 verlässt Rajneesh Bombay und gründet in Poona den „Shree Rajneesh Ashram". Hierher kommen in steigendem Maße Anhänger aus Europa und den USA. Westliche Therapeuten, vor allem aus dem Bereich der Humanistischen Psychologie, arbeiten im Ashram in Poona. Der „Stern"-Journalist Jörg Andreas Elten (Satyananda) schreibt 1979 seinen Erfahrungsbericht „Ganz entspannt im Hier und Jetzt – Mein Leben mit Bhagwan in Poona". Auch auf Grund dieses Buches kommen immer mehr spirituell Suchende nach Poona, viele davon ehemalige „68er", die das politische Potential dieser Bewegung als erschöpft ansehen und sich nun der spirituellen Dimension ihres Lebens zugewandt haben. 1981 begibt sich Rajneesh nach Oregon in den USA. Dort bauen er und seine Jünger die spirituelle Kommune „Rajneeshpuram" auf. Zwischen 1981 und 1984 hält er keine öffentlichen Vorträge. Die Verwaltung der Kommune wird von seiner Assistentin Sheela Silverman übernommen. 1985 verlässt Sheela Rajneeshpuram mit einigen ihrer Anhänger, Rajneesh wird von den amerikanischen Behörden festgenommen und gegen Kaution zur Ausreise aus den USA freigelassen, nachdem innere Zerwürfnisse zwischen Rajneesh und Sheela in der Kommune zu einem unhaltbaren Zustand geführt hatten. 1986 versucht Rajneesh erfolglos in verschiedenen Ländern eine Aufenthaltsgenehmigung zu bekommen. 1987 kehrt er in seinen ehemaligen Ashram in Poona zurück, wo er bis zu seinem Tod 1990 bleibt. In dieser Zeit werden in stärkerem Maße als zuvor Therapieformen aus dem esoterischen Bereich gelehrt und praktiziert. Kurz vor seinem Tod übergibt Rajneesh (jetzt Osho) die Führung an den „Inner Circle", einen Kreis von 21 Jüngerinnen und Jüngern. Nach seinem Tod splittert sich die Bewegung in mehrere Richtungen auf. Es kommt zu Auseinandersetzungen darüber, wer denn nun die authentische Lehre Rajneeshs bewahrt. Auch im „Inner Circle" kommt es zu Auseinandersetzungen, so dass im Laufe der Zeit immer mehr Mitglieder diesen Leitungskreis verlassen. Heute scheint der ehemalige Leibarzt von Rajneesh, Amrito, den größten Einfluss im „Inner Circle" zu haben.

Langjährige Mitarbeiter im Ashram gründen eigene Therapie-Zentren, so z. B. Michael Barnett (Somendra) die Wild Goose Company, die heute in der Schweiz und in Freiburg arbeitet.

Lehre

Kennzeichnend für Rajneesh ist die Verbindung von östlicher Mystik und Spiritualität mit westlicher Psychologie. Kompromisslos bezieht er die Körperarbeit in den therapeutischen und spirituellen Prozess ein. Es hat sich inzwischen gezeigt, dass Rajneesh als einer der wichtigsten Pioniere für den inzwischen immer stärker werdenden Einfluss indischer Spiritualität auf westliches Denken und therapeutisches Handeln gelten kann, u. a. durch die nachhaltige Inspiration der Satsang-Bewegung im Westen. Das planmäßige Überschreiten von gesellschaftlichen und religiösen Grenzen hatte bei ihm Methode. Dieses Verhalten wurde von seiner indischen Umwelt als dauernde Provokation empfunden. Die Reaktion darauf war dort wie auch in Europa besonders heftig.

Seine Grundthese war, dass der Mensch in seinem gesellschaftlich und religiös konditionierten Ego eine falsche Identität zu finden glaubt und dass er durch körper-orientierte Therapien und schließlich durch die Meditation zu seinem wahren „Selbst" finden kann, was gleichzeitig die Vereinigung des einzelnen Individuums mit dem göttlichen „Selbst" darstellt. Rajneesh verbindet hier also die traditionellen Elemente hinduistischer Erlösungs-Lehre mit westlichen Methoden der „Humanistischen Psychologie". Das Gottesbild von Rajneesh ist monistisch. Das heißt, es gibt keinen Unterschied von Schöpfer und Schöpfung, wie in den abrahamitischen

aus: Lamprecht/Biewald, Religiöse Sondergemeinschaften, Psychogruppen, Sekten
© Evangelische Verlagsanstalt, 2005

Religionen Judentum, Christentum und Islam. „Gott ist die Welt" lautet seine Definition Gottes. Deshalb heißt spirituelles Wachstum gleichzeitig „sich bewähren in der Welt", indem die Sannyasins in die Freude und in den Schmerz gleichermaßen tief hineingehen und beides nicht vermeiden. Diese nicht-asketische Grundeinstellung hat die Lehre Oshos gerade für Westler attraktiv gemacht. Sein Jesus-Bild hat er nach dem Vorbild des Gottes Krishna geformt und in ihm vor allem den „lebenden Meister" gesehen, der das Leben feiert.

Neuere Entwicklung

Die Zahl der Sannyasins ist nicht bekannt, da es keine zentralen Statistiken gibt und keine festen Kriterien für das „Sannyas-Sein" bestehen. Die Teilnehmerzahl bei den Kursen, Satsangs und Meditationen ist nach wie vor hoch, sie beträgt nach eigenen Angaben im UTA-Zentrum in Köln jährlich ca. 10 000. Die Schwerpunkte in den Kurs-Angeboten sind: 1. Therapie (Körper-Arbeit und Angebote mit Methoden der Humanistischen Psychologie), 2. Meditation, 3. Satsang (Videos von Lectures, die Rajneesh in Poona und Oregon gegeben hat). Spannungen existieren heute zwischen dem „Inner Circle" in Poona und den einzelnen Zentren. Nach Auffassung der UTA-Leitung (Ramateertha und Richa Goerg) ist der „Inner Circle" von Rajneesh lediglich für Verwaltungs-Aufgaben eingesetzt worden, maßt sich jetzt aber eine „Überwachung der Lehre" an. UTA geht da aber seinen eigenen Weg.

[Baer, Harald /Gasper, Hans u. a. (Hrg.), Lexikon neureligiöser Gruppen, Szenen und Weltanschauungen, Freiburg 2005, Sp. 937–40.]

  Internetrecherche zum Osho-Manjusha-Zentrum Schmiedeberg

Rufen Sie die Internetseite www.manjusha.de auf.

> Verschaffen Sie sich einen Überblick, welche Informationen
> Sie auf dieser Seite erhalten können:
> a) über die Osho-Bewegung allgemein,
> b) über das Manjusha-Zentrum in Schmiedeberg,
> c) über andere, ähnliche Einrichtungen (Links beachten).

Welchen ersten Eindruck macht die Homepage hinsichtlich ihrer Gestaltung: wie „ansprechend" ist sie, wie sachlich ist sie, wie ist ihre „Bedienbarkeit"?

Suchen Sie nun gezielt nach Erklärungen von Fremdwörtern und Begriffen aus der Osho-Tradition. Sind alle Erklärungen auf dieser Seite auffindbar oder brauchen Sie weitere Hilfsmittel?

Erarbeiten Sie in Partnerarbeit oder Kleingruppen folgende Fragestellungen:
- Was sind die Hauptanliegen des Manjusha-Zentrums?
- Welche Zielgruppen werden angesprochen?
- Wird der religiöse/geistige Hintergrund der Osho-Meditation offengelegt und leicht verständlich dargestellt?
- Was erfahren Sie über die Personen, die das Zentrum betreiben?
- Wie genau sind die Informationen über Möglichkeiten, im Zentrum Meditationskurse oder -zeiten zu besuchen? Werden die Kosten offen gelegt?
- Welche Reaktionen/Berichte von Kursteilnehmer finden sich? Sind kritische Stimmen dabei?
- Werden auch kritische Fragen zur Osho-Bewegung angesprochen bzw. diskutiert?
- Was können Sie über religiöse bzw. weltanschauliche Einzelfragen erfahren, z. B. über Mensch, Gott, Heil, Gesundheit, Seele?
- Diskutieren Sie Ihre Ergebnisse in der gesamten Gruppe/Klasse und bündeln Sie Ihre Erkenntnisse zur Osho-Bewegung am Beispiel des Manjusha-Zentrums. Arbeiten Sie dabei heraus, welche Bedürfnisse der Menschen das Zentrum aufnimmt und anzusprechen versucht.
- Diskutieren Sie die Frage, wie christliche Kirchen mit solchen geistlichen oder spirituellen Bedürfnissen von Menschen umgehen.

aus: Lamprecht/Biewald, Religiöse Sondergemeinschaften, Psychogruppen, Sekten
© Evangelische Verlagsanstalt, 2005

Der vollständige Bericht ist auf www.confessio.de/gemeinschaften/osho/ zu finden.

Wir wurden trotz Regen von Rupamo („Liebende Schönheit") auf dem Parkplatz empfangen und freundlich bewirtet. In einer ersten Gesprächsrunde berichteten Tarusha („Innerster Sieg") und Sorreru („Glückselige Vielfältigkeit") von ihrem Zentrum und stellten sich unseren Fragen. Mit der Kommune verbindet sich die Vision einer Menschengemeinschaft, die „in Liebe, Verständnis und Mitgefühl" zusammen leben kann und in der jeder seinen Platz entsprechend dem Zustand findet, wie weit sein Bewusstsein entwickelt ist. In der Wohngemeinschaft leben derzeit 32 Personen miteinander, dabei sind drei Kinder integriert. Lediglich 7 Bewohner stammen aus den neuen Bundesländern. Bei 13 Männern sind die Frauen in der Überzahl. Das Durchschnittsalter der Bewohner liegt knapp unter 40, außer den Kindern ist nur einer unter 30, aber auch drei Senioren wohnen im Zentrum. Die Singles bilden die deutliche Mehrheit, nur eine Bewohnerin ist verheiratet, aber ihr Mann lebt nicht mit im Zentrum.

Meditation ist der wichtigste Begriff, wenn es darum geht, Gemeinsamkeiten der Bewohner oder das Anliegen des Zentrums zu beschreiben. Meditation wie sie im Osho-Manjusha verstanden wird, bedeutet, sich auf sich selbst zu konzentrieren, um sich selbst kennen zu lernen. Das Ziel der Meditation ist Bewusstheit oder auch Erleuchtung. Das Mittel dazu ist die „Transformation" des „Ego". Eine wichtige Rolle spielen dabei Energien und Schwingungen. Eine enorme Unterstützung könne dabei ein hochenergetisches und verfeinertes Buddhafeld wie dieses Zentrum bieten, so dass man sich beim Verlassen des Zentrums erst wieder auf die normalen Schwingungen der Außenwelt umstellen müsse. Von der Meditation wird viel erwartet. Sie gilt als der Schlüssel für alles, was in der Kommune passieren kann. Man könne in den Gesichtern sehen, wer viel und lange meditiert und damit eine andere Qualität bekommen habe: immer feiner, immer sensitiver, immer stiller, immer bewusster.

Was ist das Besondere an Osho? Aussagen fielen den Bewohnern sichtlich schwer. Das könne man nicht allgemein sagen, für jeden sei dies etwas individuell sehr Verschiedenes. Es scheint, als ob paradoxerweise die Betonung der Individualität die wichtigste Gemeinsamkeit bildet. In der Tat ist das Verhältnis der Osho-Jünger zu ihrem Meister nicht ganz einfach zu verstehen. Oshos Bild hängt in fast allen Zimmern, sein Name steht über dem ganzen Projekt und auf jeder Einladung, seine Bücher und Videos in den Regalen. Spricht man die Bewohner darauf an, so bekommt man fast das Gegenteil des äußeren Eindruckes zu hören. Statt Orientierung am Meister wird die völlige Freiheit des Individuums herausgestellt. Immer wieder wird betont, dass Osho keine Lehre verbreitet, kein dogmatisches System errichtet, keine starren Regeln aufgestellt habe. Das, was sie Osho verdanken, das besondere an ihm sei, dass er ihnen gerade keine Vorschriften gemacht habe. Was ist es dann, was den Meister zum Meister werden lässt? Herr Müller von nebenan macht mir auch keine Vorschriften, dennoch hänge ich mir nicht sein Bild ins Zimmer.

Osho ist tot. Es ist auch innerhalb des Zentrums etwas Besonderes, ihn noch persönlich erlebt zu haben. Die Beziehung zu ihm könne dennoch bestehen, da er in seinem Mentalkörper noch gegenwärtig sei, so erläutert es Mahamudra, die Leiterin des Zentrums. Mahamudra bedeutet „große Seele". Diesen Sannyas-Namen hat sie von Osho bekommen, den sie selbst auch nur kurz erlebte. Für die Bewohner des Zentrums ist Mahamudra eine besondere Person. Sie umgibt eine Aura des Besonderen. Sie wirkt nicht wie die Chefin einer Firma, sondern wie eine Königin eines kleinen Königreiches. Die Besonderheit gilt aber auch geistlich: Nach Aussage eines Kommune-Mitgliedes habe sie das mit Abstand am weitesten entwickelte Bewusstsein. Ohne Führung kann auch die individuelle Freiheit nicht bleiben. Mahamudra ist stolz darauf, dass sie für jedes Kommunemitglied eine Vertrauensperson ist. Sie sprach davon, dass für sie die Kommune „wie eine große Familie" sei, „mit 30 Kindern".

Meine Gesprächspartner wirkten im allgemeinen mit ihrer Situation nicht unglücklich. Sie empfanden es als etwas Gutes, im Meditationszentrum an der Heilung ihrer Seele arbeiten zu können. Dennoch bekam ich den Eindruck, dass manche damit eine große Unsicherheit verdecken. Die von Osho geforderte Zertrümmerung des Ego, die Skepsis gegenüber der Vernunft und die Einbindung in ein Meister-Schüler-Verhältnis – all dies bleibt nicht ohne Folgen und bringt die Gefahr, in der Falle der ständigen Selbstsuche stecken zu bleiben. Bei manchen zieht sich diese über Jahrzehnte hin, ohne dass sie zu einer „Heilung" finden. Das Forschen nach den Verletzungen der eigenen Seele, das ständige Lauschen auf die eigene Befindlichkeit, die Suche nach der eigenen Selbstbefreiung verengt die Perspektive auf das Ego, von dem man sich ja gerade befreien möchte.

 Ein Zeitungsbericht zum Osho-Manjusha-Meditationszentrum

Sächsische Zeitung vom 30. 9./1. 10. 2000

Vom reinen Sein zum Nichtsein

Wer im Osho Manjusha Zentrum in Schmiedeberg wohnt, will ein bewusstes Leben führen.

Von Arno Schütze

„Jeder kann hier alles machen, was er will", sagt Rupamo, der für das richtige Erscheinungsbild nach außen sorgen soll. Drogen und Alkohol sind verboten. Aber ansonsten gibt es keine festen Vorschriften. „Wir führen hier ein ganz normales Leben." Dreißig Menschen, meist zwischen 30 und 45 und aus dem Westen Deutschlands, wohnen im Osho Manjusha-Zentrum im osterzgebirgischen Schmiedeberg. Die meisten von ihnen gehen jeden Morgen zur Arbeit. Abends treffen sich alle zum gemeinsamen Essen. Äußerlich unterscheidet sich die Kommune nicht allzu sehr von einer stinknormalen Wohngemeinschaft. Und doch leben diese Leute in ihrer eigenen Welt: Fast alle hier sind Sannyasins. Das bedeutet, Osho ist ihr spiritueller „Meister" – den meisten dürfte der indische Guru unter seinem 1988 abgelegtem Namen Bhagwan geläufiger sein.

Bhagwan alias Osho ist ihr Meister

Haust dort im Pöbeltal also eine obskure Sekte? Sollten die Anwohner ihre Kinder schützen? „Gefährlich kann so eine esoterische Gemeinschaft höchstens für ihre Mitglieder werden. Und das auch nur in finanzieller Hinsicht", beschwichtigt Ulrich Dehn, Referent für nicht-christliche Religionen bei der Evangelischen Zentralstelle für Weltanschauungsfragen. Die Schmiedeberger zeigen sich ebenso gelassen wie desinteressiert. Probleme habe es noch keine gegeben. Die spirituellen Angebote nimmt jedoch keiner von ihnen wahr.

Die Osho-Anhänger sind eben einfach ein wenig anders. Ein paar Auffälligkeiten springen sofort ins Auge, wenn man in das umgebaute ehemalige Ferienlager des VEB Waggonbau Ammendorf kommt, heute „Osho Manjusha Meditations Zentrum". Manjusha bedeutet „Schatzkästchen". In fast jedem Zimmer hängt eine Fotografie von Osho, dem „Meister". Das Wort Guru mögen sie nicht so gerne. Es duftet nach Räucherstäbchen.

„Ungeahnte Tiefe" erleben beim Meditieren

Die Bewohner sprechen sich mit Roshani, Sanket oder Jivan an. Die Namen haben sie sich nicht selbst gewählt, das Osho-„Hauptquartier" im indischen Poona hat sie ausgesucht. Das größte Zimmer der Anlage ist weiß getüncht und bis auf ein paar Buddha-Statuen völlig leer. Drei Mal am Tag wird hier meditiert, um sechs Uhr früh, um halb sechs am Nachmittag und abends um zehn. Bald soll es dafür einen neuen Saal geben. Denn die alten Räume hätten eine ungünstige Aura – „ein schlechtes Buddha-Feld", erläutert Sanket.

„Wer keine Lust hat, meditiert eben nicht," sagt Rupamo. „Aber dann muss er sich auf kurz oder lang fragen, was er eigentlich hier macht." Denn Meditation ist der kleinste gemeinsame Nenner der Kommune. Mit verschiedenen Techniken suchen die Sannyasins Versenkung in andere Bewusstseinsstufen. Dabei entdeckten sie Offenheit für neue Sichtweisen, und eine „ungeahnte Tiefe", sagen die Sannyasins. „Früher habe ich gearbeitet und sonst nur rumgehangen. Mein Herz war verschlossen", erzählt der Krankenpfleger Sanket. Jetzt habe er sich geöffnet und versuche, alles aus einer tiefen Überzeugung heraus zu tun.

Die meisten in Schmiedeberg teilen seine Lebenseinstellung – und auch die damit verbundenen Einschränkungen. Jeder kann machen, was er will, aber der eigene Wille wird natürlich auch durch unterschwelligen Gruppenzwang und die ständige Auseinandersetzung mit den vermeintlichen Wahrheiten Oshos geprägt. Rebha beispielsweise – ihr Name bedeutet übersetzt „Weisheit" – formuliert einen typischen Gedanken: „Alle Energie ist nur einmal da. Man muss sich entscheiden, ob man sie für sich selber oder für eine Partnerschaft verwendet." Der überwiegende Teil der Schmiedeberger Sannyasins sind Singles – aus Überzeugung. Viele haben gescheiterte Beziehungen hinter sich. Die Gemeinschaft ist ein Ersatz. Während der Mahlzeiten und beim allmorgendlichen „Meeting" gibt es die Möglichkeit, über persönliche Probleme zu sprechen. „Das Privatleben ist hier ziemlich öffentlich", sagt Rupamo. Alle seien gleich. Manche zwar spirituell weiter fortgeschritten als andere, aber niemand stehe deshalb höher als andere.

Es gibt nur eine Ausnahme: Mahamudra. Diese Frau isst nicht mit den anderen, sie meditiert allein. Sie geht auch keiner externen Arbeit nach. Und doch ist sie allgegenwärtig. Ehrfurcht schwingt in den Stimmen mit, wenn die Osho-Manjusha-Bewohner den Namen ihrer Chefin in den Mund nehmen. Das geschieht relativ häufig.

Mahamudra ist allgegenwärtig

Viele sprechen im selbem Atemzug von „großer Weisheit, Tiefe, Liebe und Klarheit". Denn Mahamudra lenkt die Geschicke des Hauses. Es gibt keine demokratischen Abstimmungen. Trotz Meinungsaustausch bestimmt letztendlich Mahamudra, was geschieht.

Zehn Jahre hatte Mahamudra in Indien gelebt. Dort lernte sie Osho persönlich kennen und entdeckte ihr Talent für spirituelle Arbeit. „Für Meditation gibt es keine westlichen Ausbildungswege", erklärt sie ihre Berufung. Um anderen den Weg zu weisen und aus jeder Lebenssituation etwas Positives zu machen, bedürfe es viel Lebenserfahrung und ferner einer „tiefen Sichtweise". Was diese Perspektive eigentlich ausmacht, bleibt für Außenstehende ein Geheimnis.

Es gibt noch eine weitere Erklärung für Mahamudras spirituelle Führerschaft – auch wenn diese in den Ohren von Nicht-Esoterikern ziemlich schräg klingt: In ihrem vorherigen Leben sei sie weit vorgedrungen auf dem Weg zur Erleuchtung, sagt Mahamudra. Doch um den Menschen zu helfen „authentisch" zu werden, sei sie noch einmal zurückgekommen – „aus purer Liebe". In der wohlgeordneten Hierarchie der Erleuchtung hat Mahamudra heute den Zustand des „reinen Seins" erreicht, sagt sie. Das ist quasi die Vorstufe zum „Nichtsein", also der endgültigen Erleuchtung. Eine wohlgeordnete Hierarchie, in der Mahamudra schon weit fortgeschritten ist. Ihre Weisheit teilt die weißhaarige Frau auf „meditativen Vortragsabenden" mit oder auch in Einzelgesprächen. Die Gefahr, zu stark beeinflusst oder gelenkt zu werden besteht. Aber Roshani beschwichtigt: „Mahamudra gibt nur Anstöße, sagt nie genau was wir tun müssen. Das müssen wir selber erkennen." Mahamudra ist ihr Fels in der Brandung des modernen Lebens. Denn die Manjusha-Bewohner müssen auch in der realen Welt zurecht kommen. Freizeitaktivitäten spielen eine eher untergeordnete Rolle.

Wohlgeordnete Hierarchie der Erleuchtung

Aber arbeiten müssen die meisten Sannyasins doch in der Welt „da draußen". Dauerhaft kann nur bleiben, wer 1100 Mark im Monat aufbringen kann: 600 für Miete, 300 für Verpflegung und 200 Mark für spirituelle Versorgung. Das Zentrum braucht Geld zum Wachsen. Insgesamt soll Platz für 100 Menschen entstehen, die nach „Transformation" suchen, nach Heilung.

„Heil ist gleichbedeutend mit dem Stadium des reinen Seins", meint Roshani. In dieser Sichtweise sind alle Menschen, die diese Stufe nicht erreicht haben, krank – oder zumindest nicht „gecentered". Ihnen fehlt die Klarsicht. Bevor das Fernziel der Erleuchtung erreicht wird, bietet die Kommune Schutz auf dem Weg dahin. Für manche mag das absurd klingen. Für andere ist es die Realität.

aus: Lamprecht/Biewald, Religiöse Sondergemeinschaften, Psychogruppen, Sekten
© Evangelische Verlagsanstalt, 2005

(Bezug: Zeitungsbericht SZ vom 30. 9./1. 10. 2000, s. M 4-4a)

Traum oder Wirklichkeit? (Ver)-Rück(t) mal 'n Stück den Blick

Kommentar zum Artikel „Vom reinen Sein zum Nichtsein" von Arno Schütze in der SZ [Sächsischen Zeitung] am 30. 9./1. 10. 2000 über die Osho Manjusha Commune und das Meditationszentrum.

Reporter Arno Schütze besuchte das Osho Manjusha Meditations Zentrum, um für einen umfangreichen Bericht über das Zentrum und die Commune zu recherchieren. Das Ergebnis traf mich heftig und ist Anlass für das Entstehen dieses Beitrages: Betrug, Täuschung und wenn man so will auch Verleumdung. Die Berichterstattung geht auf „Dummfang", wie man hier in Sachsen sagen würde. Ganz gezielt werden unterschwellig Signale gesetzt, die dem nicht informierten Leser etwas vorgaukeln von einem Haufen fremdbestimmter Verrückter, die Schutz vor der bösen Welt suchen und nach etwas Absurdem streben. Ein Versuch, das gewohnte paranoide Bild von Sekte wieder aufzufrischen, vor allem wirksam bei jenen, die noch mit starken DDR-Konditionierungen belastet sind (und das sind nicht wenige). Wie armseelig [sic!] für eine Tagespresse, die sich zu den seriösen und größten in unserem Raum zählt.

Was sind die Tatsachen?

Im September, ca. 6 Wochen nach unserer öffentlichen Einladung zum Sommerfest kam die Anfrage seitens der SZ, einen Artikel über uns zu schreiben. Der Reporter hielt sich fast den ganzen Tag im Meditationszentrum auf, hatte ein mehr als einstündiges persönliches Gespräch mit Mahamudra (Leiterin des Zentrums), mehrere Interviews mit Communemitgliedern, ging im Gelände spazieren, schaute sich um und meditierte selbst eine Stunde lang. Viele Eindrücke und Fragen.

Am Ende wurde vereinbart, dass er den Vorabdruck des Artikels als email schickt, um Missverständnisse auszuschließen. Wir bestanden darauf – aus Erfahrung. Berechtigt, denn was da stand, entsprach an vielen Punkten nicht dem, was ausgetauscht wurde. Nachdem wir mit dem Reporter schriftlich sowie telefonisch die Änderungen gemeinsam besprochen hatten, mussten wir allerdings feststellen, dass der Inhalt der abgedruckten Version nochmals negativ verstärkt worden war. Bewusst wurden extra Worte wie Guru, Gruppenzwang, Führerschaft und Hierarchie eingeschoben.

Das nenne ich Vertrauensbruch. Wir haben uns und unseren Platz geöffnet, weil wir davon ausgegangen sind, dass die Sächsische Zeitung nicht auf dem Bild-Zeitungs-Niveau agiert, sondern interessiert ist, ihren Lesern eine sachliche u. wahrhaftige Berichterstattung zu bieten. Die Frage stellt sich, wieso immer wieder versucht wird, echte Bewusstseinsarbeit zu untergraben?

PS für Arno:

In unserer Commune leben nicht nur Westler, z. B. ich bin – wie du eigentlich schon weißt – aus dem ehem. Osten, lebe seit über 5 Jahren hier und bin sehr zufrieden damit: Ich bin (finanziell und geistig) unabhängiger als jemals zuvor und ich habe Spaß am Meditieren. Arno, du hast viel gesehen, doch leider nichts kapiert über das Wesentliche. Aber es gibt noch mehr Möglichkeiten, für die Wahrheit ist es nie zu spät.

Rebha Weinhold

Osho Manjusha Meditations Zentrum
Niederpöbel 27   01762 Schmiedeberg
E.mail: oshomanjus@aol.com

aus: Lamprecht/Biewald, Religiöse Sondergemeinschaften, Psychogruppen, Sekten
© Evangelische Verlagsanstalt, 2005

Der Scientology-Persönlichkeitstest (Eigenwerbung)

Über den Test

Die Oxford Capacity Analysis ("Oxford Kapazitätsanalyse", OCA® Test) ist ein professioneller Persönlichkeitstest, der 200 Fragen umfasst, die speziell zusammengestellt wurden, um Ihnen einen eingehenden Einblick in Ihre Persönlichkeit zu gewähren. Er wird sowohl Ihre Stärken aufzeigen – sodass Sie diese voll nutzen können – als auch Ihre Schwächen aufdecken: diese Dinge, die Ihr wahres Potenzial blockieren und Sie daran hindern, ein glückliches Leben zu führen. Ihre Resultate werden als grafische Darstellung mit Einstufungen für 20 verschiedene Persönlichkeitsmerkmale aufgezeichnet, wie es das hier gezeigte Beispiel zeigt.

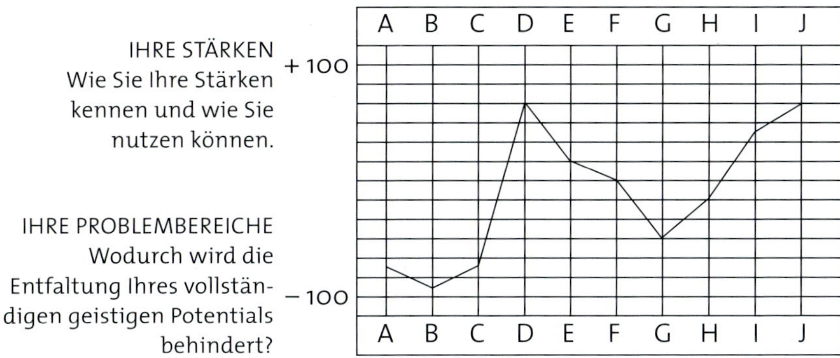

Der vollständige Test wird unter www.scientology.de angeboten. Eine kritische Auswertung bietet das Heft „Der kosten-, aber nicht folgenlose Scientology-Test" von Karl H. Schneider, Münchner Texte und Analysen zur religiösen Situation, München ²1993.

An diesem Logo erkennt man Scientology-Unternehmen (vgl. M 5-11)

Scientology-Kirche in Hamburg

Das Scientology-Symbol: Ein S für Scientology ist mit zwei Dreiecken verschlungen, die für wichtige Scientology-Begriffe stehen (Affinität, Realität, Kommunikation; Wissen, Verantwortung, Kontrolle)

Quelle: LfV B.-W.: Die Scientology-Organisation (SO), Juli 2003.

aus: Lamprecht/Biewald, Religiöse Sondergemeinschaften, Psychogruppen, Sekten
© Evangelische Verlagsanstalt, 2005

„Arbeitslos? Wir suchen Leute im sozialen Bereich. Wir bieten keinen Karrierejob mit großem Geld. Wenn Sie der Meinung sind, dass man immer wieder dazulernen kann und Sie außerdem gerne Menschen helfen, sind Sie unsere Frau bzw. unser Mann. Schreiben Sie sofort an: Dianetik-Zentrum … Leipzig"

Gerade arbeitslos geworden, schreibe ich auf diese Annonce und werde umgehend in das Dianetik-Zentrum zu einem Gespräch eingeladen. Ich erinnere mich an einen verwirrenden Monolog über das Denken und den Verstand, und um davon erlöst zu werden, kaufe ich das Taschenbuch „Dianetik – der Leitfaden für den menschlichen Verstand".

Ich habe dieses Buch gelesen und auch den 200 Fragen umfassenden Persönlichkeitstest ausgefüllt. Um mehr von alledem zu erfahren, melde ich mich erneut in diesem Zentrum, einer Wohnung. Der ausgewertete Persönlichkeitstest bescheinigt mir u. a. fehlende Lebensfreude. Von Freundlichkeit und Verständnis wurde ich regelrecht überschüttet und auch mit einer Vielzahl von zusammenhanglosen Informationen. Sogleich ging man zum Mitarbeitervertrag über, dessen Abschluss ich zunächst auf Grund einer vor Jahren erfolgten psycho-therapeutischen Behandlung verhindern konnte. Man gab vor, dies erst in München prüfen zu müssen. Das Verfahren des Auditings, mittels dem man in die eigene Vergangenheit kehren könne, interessiert mich. Ich erhielt gleich mehrere Sitzungstermine. Um den geforderten Spendenbeitrag dafür zahlen zu können, hatte ich Tausende von Flyers (Flugblätter) in Hausbriefkästen zu verteilen. Mehrere Stunden war ich täglich unterwegs. Spätabends drängte man mich wiederholt zum Abschluss eines Mitarbeitervertrages. Ich bin nicht mehr in der Lage, mich dagegen zu wehren und unterschreibe, um endlich mit meiner Tochter nach Hause fahren zu können.

Um die nun notwendige Reise in die Org nach München finanzieren zu können, lässt man mich u. a. verschiedene Waren auf Marktplätzen verkaufen. In München belege ich einige einführende Kurse. Tägliches Studium von 9.30 – 22.00 Uhr. Kursüberwacher sorgen dafür, dass jeder alles so versteht, wie er es verstehen soll und muss. Ausschließlich mit Scientologen bin ich zusammen. Keine Gelegenheit mehr, um zur Besinnung kommen zu können. In Leipzig schickt man mich sogleich wieder auf Posten. Ich fordere Zeit für meine Tochter, die ich kaum noch zu sehen bekomme. Man unterstellt mir zu zweifeln und eine unterdrückerische Person zu sein. Das muss gehandhabt werden. Man setzt mich noch mehr auf Aktivität. Sechzehn Stunden etwa bin ich täglich unterwegs und beschäftigt und man schickt mich wieder nach München, verschreibt mir den Integritätskurs. Der Kurs endet mit einer ausführlichen Beichte. Ich war nicht mehr fähig, all die Manipulationen wahrzunehmen, ich wurde blinder und gläubiger.

Sofort sollte ich mit dem Reinigungsprogramm starten, wofür sich „überraschenderweise" ein Sponsor fand. Sie kannten meine finanzielle Situation! Und doch kämpfte ich um die Erlaubnis, für drei Tage nach Hause fahren zu dürfen. Das Unverständnis und die Verachtung meiner Eigenmächtigkeit ließ man mich spüren.

Vor meiner Abreise verpasste man mir noch ein achtstündiges Auditing, ein Verhör über Geschehnisse und Personen der Vergangenheit. Die Augen bleiben während der Sitzung geschlossen und man verliert das Bewusstsein über Raum und Zeit. Nach dieser Marathonsitzung war ich dem Wahnsinn nahe. Schwierigkeiten hatte ich, in die Gegenwart zu kommen und wieder mal kam ich nicht zum Schlafen. Irgendwie bin ich doch in Leipzig angekommen.

In die Org nach München bin ich nicht mehr gefahren; verschuldet bin ich mittlerweile ausgestiegen. Meine Freundin und Schwägerin erlebte mich verändert und verstand mich kaum noch. Sie erkundigte sich bei der „Eltern- und Betroffeneninitiative" nach Scientology und so erfuhr auch ich von den Hintergründen.

Zunächst stand Aussage gegen Aussage. Wem und was sollte ich nur glauben? Wie sehr doch hatte man mich schon vereinnahmt, mich finanziell und insbesondere psychisch abhängig gemacht?!

Scientology verspricht den Menschen zu helfen, verspricht die geistige Freiheit. Scientology-Vertreter jedoch sind gefangener denn je. Ihr unerschütterlicher Glaube an die Sache ist ein durch Manipulation und Suggestion erzwungener Glaube, der sie als Roboter in diesem hierarchischen System funktionieren lässt.

Scientology wirkt wie eine Droge. Sie sind wie Geier. Und jeder Geier stürzt sich auf das kranke, schwache Tier und nicht auf das starke. Man war dabei, mich von Freunden, Bekannten und der Familie zu trennen, um jeden Weg der Rückkehr zu verhindern.

Nichts als ein Geschäft mit der Psyche des Menschen! Für mich bleibt es ein Alptraum. Ich empfehle keinem diese Seelen- und Gehirnwäsche!

Elke

[Aus: Über die Brücke zum Wachtturm. Sekten um Psychokulte im Überblick, hrg. vom Referat Sekten und Psychokulte des Studentenrates der TU Dresden, ²1998, S. 187 f.]

Eigendarstellung nach www.scientology.de:

[Kindheit]
L. Ron Hubbard wurde am 13. März 1911 in Tilden (Nebraska) als Sohn des Marine-Fregattenkapitäns Harry Ross Hubbard und Ledora May Hubbard geboren. Als er zwei Jahre alt war, zog die Familie auf eine Ranch außerhalb von Kalispell in Montana und von da weiter in die Hauptstadt Helena.

Als kleiner Junge lernte Ron im rauen Westen viel über das Überleben. Wie er ihn beschrieb, war es ein Westen, der „eine Hauruck-Einstellung, sarkastischen Humor, Cowboy-Streiche und eine Fähigkeit, mit dem Schlimmsten und Gefährlichsten fertig zu werden" verkörperte. Mit dreieinhalb Jahren konnte er reiten, und bald war er einer der Besten im Zureiten von Wildpferden.

…

L. Ron Hubbards Mutter war eine ungewöhnliche Frau für ihre Zeit. Äußerst gebildet – vor ihrer Heirat mit Rons Vater hatte sie das Lehrer-College besucht – war sie geradezu prädestiniert, ihrem kleinen Sohn als Lehrerin zur Seite zu stehen. Unter ihrer Anleitung las und schrieb Ron bereits in jungen Jahren und befriedigte seine unbändige Neugier über das Leben mit Werken von Shakespeare, griechischen Philosophen und anderen Klassikern.

…

In diesen frühen Jahren begegnete Ron auch zum ersten Mal einer fremden Kultur, den Schwarzfußindianern, die damals noch in den Reservaten außerhalb von Helena lebten. Sein spezieller Freund war ein alter Medizinmann, der als „Old Tom" bekannt war. …

Mit sechs Jahren wurde er zum Blutsbruder der Schwarzfußindianer ernannt – eine Ehre, die nur sehr wenigen Weißen zuteil wurde.

…

[Studium und Forschung]
Dann schrieb er sich an der George Washington Universität ein. Es wäre naheliegend gewesen, das Fachgebiet Völkerkunde zu belegen, da er bereits Experte für viele Kulturen war – von den Pygmäen auf den Philippinen über die kayanischen Schamanen auf Borneo bis hin zu den Chamorros von Guam. Aber das Schicksal und sein Vater fügten es glücklicherweise, dass er Mathematik und Ingenieurwesen studierte. Mit seinem Wissen über die verschiedenen Kulturen, seinem wachsenden Bewusstsein über den Zustand des Menschen sowie seiner Kenntnis der Mathematik und dem Ingenieurwesen hatte er die besten Voraussetzungen, auf wissenschaftlicher Basis die Lösung der Rätsel des Daseins und des geistigen Potentials des Menschen anzugehen.

In der Annahme, dass die Welt der subatomaren Partikel möglicherweise einen Anhaltspunkt für die menschlichen Denkprozesse liefern könnte, schrieb er sich für einen der ersten Kurse der Kernphysik ein, der in den Vereinigten Staaten abgehalten wurde. Außerdem war er zunehmend um die Sicherheit der Welt besorgt, da er erkannte, dass der Mensch erst einmal lernen müsste, mit sich selbst umzugehen, bevor er fähig sei, die Atomkraft zum größtmöglichen Nutzen der Menschen einzusetzen.

…

Er machte es sich dann zur Aufgabe, alles Wissen zusammenzufügen und zu testen, was davon wirklich dazu beitragen konnte, die Probleme des Menschen zu lösen. Und so begann er, präzise zu erforschen, wie der Verstand funktioniert.

In einem seiner ersten bahnbrechenden Experimente auf diesem Gebiet benutzte er ein Messgerät für Schallwellen, das Koenig-Photometer. Zwei Studenten lasen Gedichte aus völlig verschiedenen Sprachen vor, Japanisch und Englisch. Ron entdeckte, dass das Gerät beide Aufnahmen unabhängig von der Sprache als Gedichte identifizierte. Als Haiku (japanische Gedichtform) im Original vorgelesen wurde, produzierte es am Koenig-Photometer dieselbe Wellenlänge wie die in englischer Sprache vorgelesenen Verse.

Er kam zu dem Schluss, dass hier der wissenschaftliche Beweis vorlag, dass die Menschen nicht so verschieden waren, wie man ihn hatte glauben machen wollen, sondern dass es tatsächlich einen gemeinsamen Nenner gab und dass der Verstand auf gleiche Reize identisch reagierte.

…

L. Ron Hubbard suchte nach einem Prinzip, das die Vereinigung allen Wissens beinhalten und den Sinn der Existenz erklären würde – genau das, was andere Philosophen mit wechselndem Erfolg in der Vergangenheit zu finden versucht hatten.

…

[Der Durchbruch]

Nach einer weiteren Reihe von Experimenten erzielte er im Frühjahr 1938 einen Durchbruch von erheblicher Tragweite: Er isolierte den gemeinsamen Nenner des Daseins: ÜBERLEBEN.

Dass der Mensch überlebte, war kein neuer Gedanke, wohl aber, dass es der einzige, grundlegende, gemeinsame Nenner allen Lebens war.

...

Fall für Fall wendete er die von ihm entwickelten Methoden an und fand heraus, dass die Patienten spontan auf die medizinische Behandlung ansprachen, sobald die mentalen Sperren entfernt worden waren. Tatsächlich steuerte also die Funktion die Struktur, und wie er schrieb: „Der Gedanke ist der Boss."

Das war eine revolutionäre Idee, die im Widerspruch zu den falschen Vorstellungen stand, die sowohl die östlichen Philosophien wie auch die Wissenschaft jahrhundertelang gequält hatten.

...

[Die Dianetik]

Die Veröffentlichung wurde angekündigt, und im ganzen Land erwartete man gespannt das Erscheinen des Buches. „Im April wird etwas völlig Neues auf den Markt kommen. Es heißt Dianetik", schrieb der Kolumnist Walter Winchell am 31. Januar 1950. „Eine neue Wissenschaft auf dem Gebiet des menschlichen Verstandes, die genauso exakt funktioniert wie die Naturwissenschaften. Es gibt Anhaltspunkte dafür, daß dieses Werk für die Menschheit ebenso revolutionär sein wird wie die Entdeckung und Nutzung des Feuers durch die Steinzeitmenschen." Winchells Vorhersage erwies sich als richtig.

Dianetik: Der Leitfaden für den menschlichen Verstand (Englischer Originaltitel: Dianetics: The Modern Science of Mental Health) wurde am 9. Mai 1950 veröffentlicht. Es gab spontane und überwältigende Reaktionen. Nahezu über Nacht wurde das Buch ein nationaler Bestseller, und 25000 Briefe und Glückwunschtelegramme stapelten sich bald beim Verleger. Dianetik eroberte die Bestsellerliste der New York Times und blieb Wochen und Monate dort, und es sollte das Leben L. Ron Hubbards und das von Millionen Menschen für immer verändern.

Baer, Harald /Gasper, Hans u. a. (Hrg.), Lexikon neureligiöser Gruppen, Szenen und Weltanschauungen, Freiburg 2005, Sp. 1182.

Gründung und Geschichte

Die Scientology geht auf L. (Lafayette) Ron Hubbard zurück, der 1911 in Tilden (Nebraska) geboren worden ist. Der von der Scientology veröffentlichte Lebenslauf gleicht eher einem Heldenepos und ist mit den nachprüfbaren Quellen nur sehr schwer in Einklang zu bringen. Die High-School-Ausbildung bricht er 1928 ab, und sein Maschinenbaustudium beendet er 1932, ohne einen Abschluss erreicht zu haben. Kriegsverletzungen, die er als angeblicher Korvettenkapitän erlitten und von deren Folgen – Lähmungen und Erblindung – er sich selbst geheilt haben soll, sind nicht verifizierbar. Gesichert ist dagegen seine Tätigkeit als Autor preiswerter Western- und Sciencefiction-Hefte in den 30er Jahren des 20. Jh. Welche Bedeutung Hubbards Nähe zum neosatanistischen Orden O.T.O. (Ordo Templi Orientis) für die Entwicklung der Scientology-Lehre hatte, ist umstritten. Sicher ist, dass der Ordensmeister des kalifornischen Zweiges, Jack Parsons, einen „begeisterten Brief über Hubbard" an Aleister Crowley schickt, in dem er u. a. die besonderen okkulten Fähigkeiten seines neuen Schützlings beschreibt (Haack 1995, 37*). 1950 veröffentlichte Hubbard das Buch Dianetics: The modern science of mental health, das 1974 in deutscher Sprache erschienen ist (Dianetik. Die moderne Wissenschaft der geistigen Gesundheit). Ab 1954 weitet er die Dianetik zur Scientology-Religion aus. Organisatorisch wird dieses mit der Gründung der ersten Scientology-Kirche in Los Angeles vollzogen. 1959 kauft Hubbard das Schloss Saint Hill Manor in der Nähe von East Grinstead, das zum „Hubbard-Kommunikationsbüro Weltweit" ausgebaut wird. In München entsteht 1970 die Scientology-Kirche Deutschland e. V. Hubbard gerät bald mit den Gesetzen in Konflikt: Der „Anderson-Report" in Australien geht hart mit ihm ins Gericht; Großbritannien belegt ihn mit einem Einreiseverbot; ein Gericht in Frankreich verurteilt ihn in Abwesenheit zu einer vierjährigen Haftstrafe und einer Geldbuße von 35 000 Franc. In den USA werden führende Vertreter der Scientology, u. a. auch die Ehefrau Hubbards, Sicherheits-Chefin des Guardian Office (einer Art Scientology-Geheimdienst), zu hohen Haftstrafen verurteilt. 1986 gibt die Scientology seinen Tod bekannt. An der kommerziellen Spitze steht seitdem das RTC (Religious Technology Center), geführt von David Miscavige.

* Haack, F.-W.: Scientology – Magie des 20. Jahrhundert, München 1995

DIANETIK: DEN VERSTAND VERSTEHEN

DIANETIK: VOM GRIECHISCHEN *DIA* „DURCH" UND *NOUS* „SEELE"
Vor 1950 war die vorherrschende wissenschaftliche Meinung, dass das Gehirn der Verstand des Menschen sei, d. h. eine Ansammlung von Zellen und Neuronen und nichts weiter. Es wurde nicht nur angenommen, dass die Fähigkeiten des Menschen nicht verbessert werden könnten, sondern man glaubte auch, dass mit Bildung der Großhirnrinde seine Persönlichkeit ähnlich unveränderlich festgelegt sei. Diese Theorien waren jedoch ungenau, und infolgedessen hat die Wissenschaft weder eine brauchbare Theorie über den Verstand entwickelt, noch ein Mittel, um die damit verbundenen Probleme zu lösen.

All das hat L. Ron Hubbard mit *Dianetik: Der Leitfaden für den menschlichen Verstand* verändert. Im Jahre 1950 kennzeichnet die Veröffentlichung dieses Buches einen Wendepunkt in der Geschichte des Menschen auf der Suche nach dem wahren Verstehen seines „Ichs".

Dianetik ist eine wissenschaftliche Methode, die jemandem helfen kann, durch das Erkennen der eigenen Ursächlichkeit Probleme wie unerwünschte Gefühle und Empfindungen, irrationale Ängste und psychosomatische Krankheiten (Krankheiten, die durch mentale Belastung verursacht oder verschlimmert werden) zu erleichtern. Dies wird am besten dadurch beschrieben: Was die Seele durch den Verstand dem Körper antut.

Wie Scientology beruht auch Dianetik auf grundlegenden Prinzipien, die leicht erlernt werden können und heute noch dieselbe Gültigkeit haben wie im Jahre 1950, als sie zum ersten Mal veröffentlicht wurden.

Die grundlegende Form des Dianetik-Symbols ist der griechische Buchstabe **Delta**. *Die dunklen (im Original grünen) Streifen bedeuten Wachstum und die gelben Leben. Die vier grünen Streifen stellen die vier Unterteilungen des Überlebensdrangs des Menschen dar, die in Dianetik beschrieben werden.*

DAS ZIEL DES LEBENS

Die prägnante Aussage über das Ziel des Lebens an sich war eine der grundlegendsten Durchbrüche der Dianetik. Dieses dynamische Prinzip der menschlichen Existenz wurde von L. Ron Hubbard entdeckt, und damit wurden viele bislang unbeantwortete Fragen gelöst.

Das Ziel des Lebens kann als unendliches Überleben betrachtet werden. Es war lange bekannt, dass der Mensch danach trachtet zu überleben, aber dass das seine hauptsächliche Motivation ist, ist neu. Es kann nachgewiesen werden, dass der Mensch als Lebensform bei all seinen Handlungen und Zielsetzungen nur einem Befehl folgt: „ÜBERLEBE!"

Das ist der gemeinsame Nenner allen Lebens, und hieraus entwickelte sich die entscheidende Lösung für menschliches Leid und Abweichen von der Vernunft.

Sobald der Befehl „Überlebe!" als der wesentliche Antrieb für alles Leben herauskristallisiert worden war, war es notwendig, die Handlung des Überlebens weiter zu untersuchen. Bei dieser Forschung stellte sich heraus, dass man, wenn man Schmerz und Vergnügen als Teile der Gleichung betrachtet, die nötigen Faktoren hat, um alle Handlungen des Lebens zu verstehen.

Überleben ist nicht nur der Unterschied zwischen Leben und Tod. Es gibt verschiedene Stufen davon.

Je besser man sein Leben einrichten und sein Überlebensniveau anheben kann, desto mehr Freude, Überfluss und Zufriedenheit wird man erleben.

Schmerz, Enttäuschung und Versagen sind das Ergebnis von Handlungen, die das Überleben nicht fördern.

(Quelle: http://wasist.scientology.de)

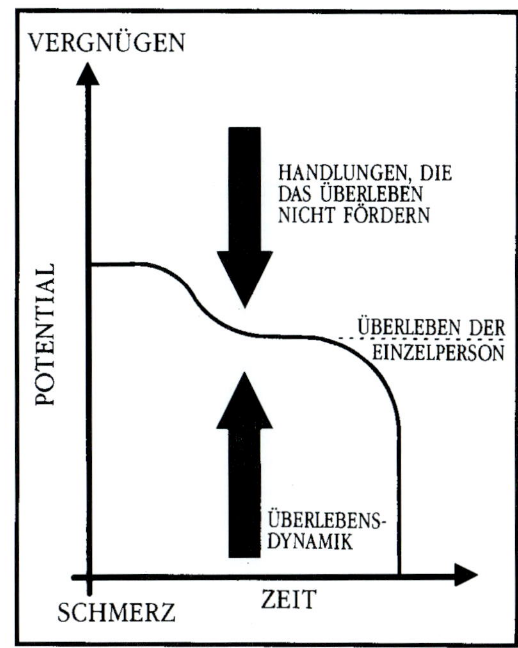

aus: Lamprecht/Biewald, Religiöse Sondergemeinschaften, Psychogruppen, Sekten
© Evangelische Verlagsanstalt, 2005

Definition der Scientology-Organisation:
Scientology: kommt vom lateinischen *scio* „Wissen" und dem griechischen *logos* „das Wort oder die äußerliche Form, wodurch der innerliche Gedanke ausgedrückt und mitgeteilt wird". Daher bedeutet Scientology „Wissen über das Wissen". Scientology ist eine Religion, die von L. Ron Hubbard entwickelt wurde. Sie ist das Studium und die Förderung des Geistes in Bezug auf sich selbst, Universen und anderes Leben.

Die acht Dynamiken

„Der grundlegende Befehl ‚Überlebe!', dem alles Leben gehorcht, kann in acht Dynamiken (Drang, Antrieb, Impuls) unterteilt werden. Eine Kenntnis der Dynamiken erlaubt einem, jeden Aspekt des Lebens leichter zu untersuchen und zu verstehen."

„Die Erste Dynamik ist man SELBST (Streben zum Überleben als Individuum)."

„Die Zweite Dynamik ist KREATIVITÄT (Schaffen von Dingen für die Zukunft)."

„Die Dritte Dynamik ist das Überleben der GRUPPE (Drang zum Überleben durch oder als eine Gruppe)."

„Die Vierte Dynamik ist die GATTUNG der Menschheit (Drang zum Überleben durch die oder als Menschheit)."

„Die Fünfte Dynamik ist LEBENSFORMEN (Drang, als oder durch Lebensformen wie Säugetiere, Fische, Vögel, Pflanzen… zu überleben)."

„Die Sechste Dynamik ist das PHYSIKALISCHE UNIVERSUM. Es hat vier Komponenten: Materie, Energie, Raum und Zeit. Die Sechste Dynamik ist der Drang zum Überleben des physikalischen Universums, durch das physikalische Universum selbst und mit Hilfe des physikalischen Universums und jeder seiner Komponenten."

„Die Siebte Dynamik ist die SPIRITUELLE DYNAMIK, der Drang als geistiges Wesen zu überleben, oder der Drang des Lebens an sich, zu überleben. Alles Geistige, mit oder ohne Identität, würde unter die Siebte Dynamik fallen. Sie schließt die eigene Persönlichkeit mit ein sowie die Fähigkeit zu erschaffen, die Fähigkeit, Überleben zu bewirken oder selbst zu überleben, die Fähigkeit zu zerstören oder vorzugeben, zerstört zu sein … Die Siebte Dynamik ist der Lebensursprung. Dieser ist getrennt vom physikalischen Universum … Somit gibt es eine Bestrebung des Lebensursprungs zu überleben."

„Die Achte Dynamik ist der Drang zum Dasein als UNENDLICHKEIT. Sie wird allgemein auch Gott, das Höchste Wesen oder Schöpfer genannt, aber Unendlichkeit wäre die korrekte Definition dafür. Sie umfasst die Gesamtheit aller Dinge. …"

Eine ausführliche Beschreibung dieser Lehre findet man unter http://wasist.scientology.de.

aus: Lamprecht/Biewald, Religiöse Sondergemeinschaften, Psychogruppen, Sekten
© Evangelische Verlagsanstalt, 2005

Ziel der Scientology ist es, das Geistwesen des Menschen zu befreien und ihn zum „Operierenden Thetan" zu machen. Dazu bietet die Organisation ein riesiges, differenziertes und teures Kurssystem an. Ein entsprechendes Schaubild in Plakatgröße ist unter www.scientology.de erhältlich.
Was ist Auditing, Clear und Operierender Thetan (O.T.)?

Der Zustand Operierender Thetan

Tausende von Jahren hat der Mensch nach einem Zustand völliger geistiger Freiheit gesucht, einer Befreiung vom endlosen Kreis von Geburt und Tod, einem Zustand vollständigen Bewusstseins, kompletter Erinnerung und Fähigkeit als ein Wesen unabhängig vom Körper.

Wenn der reaktive Verstand beim Klären eliminiert wird, erreichen wir nicht nur die Auslöschung dessen, was das Böse im Menschen zu sein scheint, sondern wir überwinden auch die Barrieren, die es so schwierig machen, völlige geistige Unabhängigkeit und Ausgeglichenheit zu erreichen. Wenn jemand also Clear wird, ist er damit fähig, wieder mit seiner angeborenen Begabung vertraut zu werden. Da der Mensch grundsätzlich gut ist, ist ein Clear bereit, sich immer größere Fähigkeiten zuzutrauen.

In Scientology kann ein Zustand völliger geistiger Freiheit erzielt werden. Er ist nicht nur vorübergehend erreicht worden, sondern auf einer stabilen Ebene vollen Bewusstseins und Fähigkeit, die von keinerlei Unglücksfällen oder Verschlechterung eingeschränkt wird. Und dieser Zustand ist nicht auf nur wenige beschränkt.

In Scientology nennen wir diesen Zustand „Operierender Thetan". Die Definition des Zustandes Operierender Thetan ist: „bewusst und willentlich Ursache über Leben, Denken, Materie, Energie, Raum und Zeit".

Die Menge geistiger Gewinne, die jemand erreichen kann, wird selten erfasst. Im aberrierten Zustand, in dem die Energie einer Person hauptsächlich für den Versuch, persönliche Probleme zu bewältigen, verschwendet wird, kann man nur schwerlich seinen Blick auf die Wunder richten, die einen erwarten, wenn man ein vollständig rehabilitiertes und fähiges Wesen ist – und nicht nur ein Homo sapiens.

Auf den Auditingstufen oberhalb des Zustands Clear – die „OT-Stufen" – beschäftigt man sich nicht mehr mit seiner Arbeit, seinen Ratenzahlungen oder seinen Schmerzen und Leiden; diese wurden ja bereits auf den unteren Stufen angegangen. Die Aufmerksamkeit einer Person muss von diesen Dingen gelöst sein, damit sie sich mit den höheren Aspekten des Daseins befassen kann. Sobald man von seinem reaktiven Verstand befreit worden ist, ist man fähig, weitere Auditierschritte selbst in Angriff zu nehmen, indem man zur gleichen Zeit Auditor und die Person ist, die auditiert wird. Dies nennt man „Solo-Auditing", und man lernt es auf dem Solo-Auditor-Kurs. Der Solo-Auditor verwendet Kommunikations-Übungen, die auf diese Fähigkeitsstufe zugeschnitten sind, ein E-Meter und exakte Prozesse, die es ihm ermöglichen, in den OT-Bereich vorzustoßen.

Auf der Stufe des Operierenden Thetans beschäftigt man sich mit seiner Unsterblichkeit als geistiges Wesen. Man beschäftigt sich mit dem Thetan in Beziehung zur Ewigkeit; nicht zur Ewigkeit, die hinter einem liegt, sondern zu der, die man noch vor sich hat.

Auf den OT-Stufen steigt man zur Ewigkeit auf. Die gewaltige Zeit, die in der Vergangenheit existiert hat, gleicht ungefähr der Zeit, die noch vor uns liegt. Das ist Ewigkeit, und jedes Wesen wird in dieser Ewigkeit sein, entweder in einem guten oder einem schlechten Zustand. Man kann eine Arbeit oder eine Beziehung aufgeben oder einen alten Anzug wegwerfen, aber das Leben kann man nicht einfach verlassen.
...
Die OT-Stufen beinhalten die äußerst fortgeschrittenen Materialien aus L. Ron Hubbards Forschungen, und hier erkennt man auch seine eigene Natur und Beziehung zum Leben und allen Dynamiken. Fähigkeiten werden rehabilitiert, je weiter man auf den OT-Stufen voranschreitet, und man erlangt seine eigene Persönlichkeit vollständig zurück.

aus: Lamprecht/Biewald, Religiöse Sondergemeinschaften, Psychogruppen, Sekten
© Evangelische Verlagsanstalt, 2005

Einige der Wunder des Lebens wurden auf den OT-Stufen zum ersten Mal in der Geschichte voll entfaltet, und nicht das Geringste dieser Wunder ist das Bewusstsein der Unsterblichkeit und die Freiheit vom Kreislauf von Geburt und Tod.

Der Weg ist zuverlässig und klar gekennzeichnet. Alles, was man tun muss, ist, seinen Fuß auf die unterste Sprosse der Leiter zu stellen, zum Zustand Clear aufzusteigen und dann aufwärts zu Operierendem Thetan zu gehen.

Auditing befähigt einen, die Kluft zwischen Homo sapiens mit all seinen Drogen, Schmerzen, Problemen, Sorgen und Ängsten und den höheren Zuständen und der Freiheit als geistiges Wesen zu überbrücken. Solche Zustände werden nur durch Auditing gewonnen. Aber sie existieren und können erreicht werden, und sie rehabilitieren das ursprüngliche Potential eines Wesens vollständig.

Im Verlauf der Geschichte hatte der Mensch viele Lösungen zu den Problemen des Daseins und hat intensiv nach sich selbst gesucht. Auditing ist die Lösung und liefert die Antworten. Sogar ein wenig Auditing kann diese Wahrheit überaus deutlich machen.

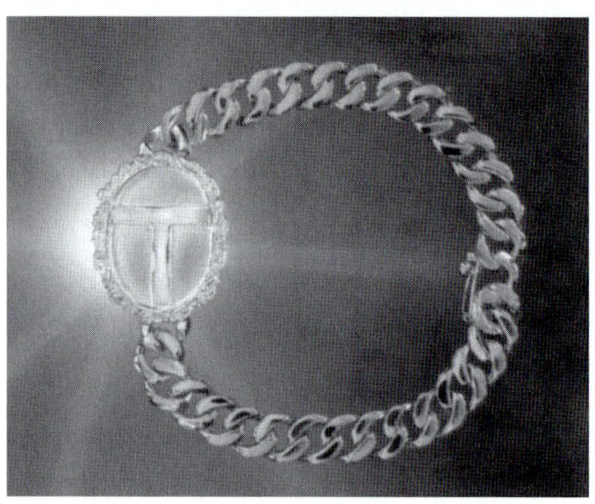

Dieses Armband mit dem Scientology-Symbol darf ein „Clear" tragen.

Als Bestätigung für den Abschluss von OT VIII darf ein Scientologe das OT-Armband tragen.

(Quelle: http://wasist.scientology.de)

Das Auditing und die Kurse aus kritischer Sicht:

Zu den einzelnen Kursen muss man Bücher, Videos und andere Materialien kaufen. So auch das *E-Meter*, das beim *Auditing* eine wichtige Rolle spielt. Das *E-Meter* ist ein Hautwiderstandsmessgerät, welches als Lügendetektor eingesetzt wird, um *Engramme* aufzustöbern und zu löschen. Das geschieht folgendermaßen: Der „Schüler" nimmt die Anschlüsse des *E-Meters* (das sind zwei Metallzylinder) in seine beiden Hände und mit Hilfe des Auditors soll er sich beispielsweise an eine unangenehme Situation in seinem Leben erinnern. Dabei schlägt der Zeiger des Messgerätes aus. Das ist auch ganz normal, weil man, an unangenehme Situationen erinnert, meist ins Schwitzen gerät und sich dadurch der Hautwiderstand verändert. Hierbei wird aber lediglich die Reaktion des Körpers auf eine Frage gemessen und nicht die Reaktion des Geistes. Auf diese Art und Weise wird der gesamte Intimbereich des Menschen offengelegt. Das Ganze wird solange wiederholt, bis das Messgerät keine Änderungen mehr anzeigt. Dann ist angeblich das *Engramm* gelöscht. In Wirklichkeit wird mit Hilfe dieser laienhaften Psychopraktiken das Problem nur verdrängt, nicht aber verarbeitet.

Ein ehemaliges *Scientology*-Mitglied äußert sich zu einem Auditing wie folgt: „Mit Hilfe des *E-Meters* gelang es dem *Auditor*, sehr viele intime Gedanken und Erlebnisse aus mir herauszuholen, so dass ich das Gefühl hatte, gegenüber der Gruppe kein Privatleben mehr zu haben und damit manipulierbar wurde. Das Ergebnis war, dass

aus: Lamprecht/Biewald, Religiöse Sondergemeinschaften, Psychogruppen, Sekten
© Evangelische Verlagsanstalt, 2005

ich mich nicht etwa dem Ziel der totalen Freiheit näherte, sondern von führenden Scientologen abhängig war und versuchte, mich mit immer neuen Kursen in meinen Gefühls- und Verhaltensweisen zu perfektionieren."

M 5-6

Übrigens kostet so ein E-Meter, das einen Herstellungspreis von höchstens 100,– DM [ca. 50 €] hat, ca. 10 000,– DM [ca. 5 000 €] in der Luxusausführung. Auch dieses Gerät muss gekauft werden, um auf der Brücke weiter voranzuschreiten.

Dies war nur ein Beispiel eines Auditings. Es gibt die verschiedensten Arten, die alle dazu dienen, einen gehorsam und willenlos zu machen bzw. ihm zu suggerieren, dass Scientology das einzig Wahre auf dieser Welt ist.

In einem anderen Kurs muss der „Schüler" z. B. mehrere Stunden einen Aschenbecher anschreien, das hebt angeblich das Selbstbewusstsein. Ein besonderer Reinigungskurs beinhaltet Saunagänge von täglich sechs Stunden über 60 Tage.

Unzählige Beispiele könnten noch erläutert werden. Hier noch ein paar Bezeichnungen für *Auditings*: *Life-Repair, Clearing Kurse, Happiness Rundown* oder *Power Processing*.

Das Ziel der *Brücke* liegt wieder klar auf der Hand, es sind das Geld und die Macht über Menschen.

[Aus: Über die Brücke zum Wachtturm. Sekten um Psychokulte im Überblick, hrg. vom Referat Sekten und Psychokulte des Studentenrates der TU Dresden, ²1998, S. 178 f.]

Das Ethiksystem der Scientology-Religion beruht vollständig auf Vernunft. Moralregeln sind, wie L. Ron Hubbard feststellte, im wesentlichen Verhaltensregeln, die auf den gesammelten Erfahrungen vergangener Jahrhunderte beruhen und somit nicht mehr unbedingt von großer Bedeutung für das Überleben sind. Ethik hingegen besteht ausschließlich aus Vernunft, bis hin zu den höchsten Überlebensstufen für alle Dynamiken. Es stimmt, dass ein Moralkodex in Ermangelung von etwas Besserem einen allgemeinen Maßstab für optimales Verhalten setzen kann, und ethisches Verhalten schließt immer ein, dass man sich an die Moralkodizes der Gesellschaft hält. Im Laufe der Jahre können einem Moralregeln jedoch unzeitgemäß vorkommen oder lästig werden und so eine Revolte provozieren. Und obwohl Moralkodizes in Scientology respektiert werden, ist es das Festhalten an ethischen Maßstäben, was die Brücke – den Erlösungsweg zu einer höheren Ebene des Daseins – aufrechterhält und ermöglicht. Auf diese Weise können Scientologen reibungslos und ungestört Fortschritte machen.

Ethik könnte definiert werden als die Handlungen, die man an sich selbst durchführt, um sein Überleben auf allen Dynamiken zu sichern. Ethik ist etwas sehr Persönliches. Wenn man ethisch ist, ist man das aus eigenem Antrieb.

Die Logik der Scientology-Ethik ist unanfechtbar und beruht auf zwei wichtigen Begriffen: gut und böse. Wie Ethik und Recht waren die Begriffe gut und böse lange Zeit von Unklarheiten, Verwirrungen und willkürlichen Meinungen geprägt. Aber um wirklich zu begreifen, worum es bei der Scientology-Ethik geht, muss man verstehen, dass gut eine konstruktive Überlebenshandlung ist. Um es einfach auszudrücken – gut ist etwas, das den Dynamiken mehr nützt als schadet. Es stimmt: Nichts ist absolut gut, und etwas Neues aufzubauen erfordert oft ein gewisses Maß an Zerstörung. Aber wenn das Konstruktive das Zerstörerische überwiegt, wenn also einer größeren Anzahl von Dynamiken geholfen als geschadet wird, kann man eine Handlung als gut bezeichnen. Ein neues Heilmittel beispielsweise, das Hunderte von Leben rettet, aber nur eines vernichtet, ist ein akzeptables Heilmittel.

Da wir nun definiert haben, was „gut" ist, lässt sich „böse" als das Gegenteil beschreiben. Böse ist alles, das entlang der acht Dynamiken vergleichsweise mehr zerstört als aufbaut. Etwas, das mehr Zerstörung als Aufbau produziert, ist „böse" vom Gesichtspunkt der Dynamiken aus, die es zerstört – das Individuum, die zukünftige Generation, die Gruppe, die Menschheit, das Leben an sich oder das materielle Universum.

Fassen wir zusammen: Eine Handlung oder Schlussfolgerung ist in dem Maße richtig, wie sie Überleben im Einklang mit den Dynamiken fördert. Vollständig Recht zu haben, hieße unendliches Überleben. Umgekehrt ist eine Handlung oder Schlussfolgerung in dem Maße falsch, wie sie entlang der Dynamiken gegen das Überleben gerichtet ist und dadurch mehr schadet als nützt.

Wenn ein Scientologe diese Definitionen versteht, ist er gut gerüstet, um seine Handlungen vernunftgemäß zu bestimmen.

Die Logik, die hinter hohen ethischen Maßstäben steht, ist einfach. Auch wenn moderne Begriffe der Ethik in den allgemeinen Interessenkonflikten und Grauzonen der Entscheidungsmöglichkeiten hoffnungslos kompliziert wurden, darf man doch nicht vergessen, dass ein gesteigertes Überleben für den Einzelnen und die Gesellschaft davon abhängig ist, inwieweit man sich an diese getroffenen Übereinkünfte hält. Der Scientologe folgt also den Gesetzen seines Landes, ist fair im Umgang mit anderen und ehrlich in seinen Beziehungen. Er weiß, dass er ein natürliches Empfinden dafür hat, was ethisch ist und was nicht, weil im Grunde genommen jeder Mensch gut ist. Wenn jemand gegen sein persönliches Empfinden für Ethik verstößt, verliert er bald die Selbstachtung, und von diesem Punkt beginnt sein Verfall.

[Quelle: http://was ist.scientology.de]

aus: Lamprecht/Biewald, Religiöse Sondergemeinschaften, Psychogruppen, Sekten
© Evangelische Verlagsanstalt, 2005

Was bedeutet der Begriff „unterdrückerische Person"?

Gemäß L. Ron Hubbard ist eine unterdrückerische Person „eine Person, die danach trachtet, jede Aktivität oder Gruppe, die Verbesserung anstrebt, zu unterdrücken oder im Keim zu ersticken. Eine unterdrückerische Person unterdrückt die Menschen in ihrer Umgebung. Es ist jemand, dessen Verhalten darauf ausgerichtet ist, verheerende Wirkungen zu erzielen." Napoleon oder Hitler sind bekannte Beispiele für solche Personen. L. Ron Hubbard hat herausgefunden, dass eine unterdrückerische Person, die man auch „antisoziale Persönlichkeit" nennt, ganz bestimmte antisoziale Eigenschaften besitzt.

Der eigentliche Grund, warum sich dieser Mensch so verhält, wie er es tut, liegt in seiner verborgenen Angst vor anderen. Für ihn ist jedes andere Wesen ein Feind – ein Feind, der hinterhältig oder im offenen Angriff zerstört werden muss. Solche Menschen sind darauf fixiert, dass ihr eigenes Überleben davon abhängt, andere „unten zu halten" oder „dafür zu sorgen, dass Menschen unwissend bleiben". Wenn jemand verspricht, andere stärker oder intelligenter zu machen, würde die antisoziale Persönlichkeit äußerste Qualen erleiden.

Deswegen trachtet die unterdrückerische Person danach, Aktivitäten und Gruppen, die auf Verbesserung ausgerichtet sind, zu verletzen, unaufhörlich zu unterminieren, zu verunglimpfen und schlechte Nachrichten über sie zu verbreiten. Die antisoziale Persönlichkeit bekämpft das, worum es in Scientology geht: Menschen zu helfen, fähiger zu werden, und die Zustände in der Gesellschaft zu verbessern. Zum Wohl der Kirche und ihrer Mitglieder wird solch eine Person öffentlich als unterdrückerische Person bezeichnet, damit andere sich ihr nicht anschließen.

Weitere Informationen über unterdrückerische Personen und wie man mit ihnen umgeht, finden Sie in dem Buch Einführung in die Ethik der Scientology.

[Quelle: http://was ist.scientology.de]

So genannte Ethik-Offiziere wachen intern über das konforme Verhalten der Mitglieder.
Von Aussteigern und Kritikern wird das Ethiksystem einerseits als Disziplinierungsmittel für die Mitglieder,
andererseits auch als Kampfmittel gegen unliebsame Kritiker gesehen:

ETHIK DER SCIENTOLOGY

Die Scientology hat sich mit ihrer Ethik ein Regelwerk gegeben, in dem die Interessen der Organisation gegenüber der Einzelperson deutlich im Vordergrund stehen. Der Scientologe hat sich den Zielen der Scientology unterzuordnen: „Wir haben dich lieber tot als unfähig" (HCOPL*, 17. 02. 1965). Der Sinn von Ethik besteht aus scientologischer Sicht darin, „Gegen- und Fremdabsichten aus der Umgebung zu entfernen" (Einführung in die Ethik der Scientology, 1989, 153). Zur Überprüfung werden zahlreiche Kriterien genannt, u. a. die Auswertung von Statistiken der Mitarbeiter. Die scientologische Ethik ist ein ausgeklügeltes System von Befehl und Gehorsam, von Lohn und Strafe, das auf Einschüchterung des Individuums angelegt ist. Der besondere Rang von Scientology soll besonders in Abgrenzung zu Kritikern herausgestellt werden. In dem Abschnitt über die „antisoziale Persönlichkeit", die als „Anti-Scientologe" näher gekennzeichnet wird, wird dieser „Persönlichkeitstyp" für das Auftreten einer „Barbarenherrschaft von Verbrechen und wirtschaftlichen Zwängen" verantwortlich gemacht (Ethik, 113).

[Baer, Harald /Gasper, Hans u. a. (Hrg.), Lexikon neureligiöser Gruppen, Szenen und Weltanschauungen, Freiburg 2005, Sp. 1186.]

---

* Hubbard Communications Office Policy Letter

Der in M 5-10 zitierte Auszug aus dem Endbericht der Enquete-Kommission „Sogenannte Sekten und Psychogruppen" des Deutschen Bundestages vom 09. 06. 1998 (Drucksache 13/10950, S. 88–90) enthält in der Fortsetzung folgenden Bericht über eine Jugendliche, die prägende Erfahrungen in den Scientology-Unterorganisationen ABLE und SEA ORG machte:

Insbesondere ist hier auf die Darstellung einer jugendlichen Aussteigerin hinzuweisen, die in einer Scientologen-Familie aufwuchs und im Alter von elf Jahren nach Deutschland kam. Bis zum Alter von sechzehn, siebzehn Jahren seien ihre Erfahrungen mit Scientology nicht umfassend gewesen. Sie habe lediglich in den Schulferien probeweise einige Wochen für Scientology gearbeitet und sei auf Grund familiärer Probleme, damit sie sich mit ihrer Stiefmutter besser verstehe, in einen Kommunikationskurs geschickt worden und habe danach noch Einstiegskurse für Scientology absolviert, was ihr am Anfang Spaß gemacht habe. Am stärksten scheint insgesamt die familiäre Erziehung und insbesondere die Haltung ihres Vaters gewirkt zu haben. Sie berichtet davon, dass sie in der Schule nie haben sagen dürfen, dass ihr Vater und ihre Stiefmutter Scientologen seien. Sie sei insgesamt isoliert aufgewachsen. Die Haltung ihres Vaters ihr gegenüber sei gewesen, dass sie alles schaffen könne, dass es ihr Problem sei und sie es selbst wissen müsse. Von klein auf, auch wenn es zu Hause Ärger oder Probleme gegeben habe, habe er gesagt, sie sei nicht vier Jahre alt (das Alter, in dem ihre Mutter starb), sondern ein Thetan und müsse es selbst bewältigen. Scientologen, so stellte sie bilanzierend fest, erwarteten sehr viel, zu viel von Kindern.

Im Alter von sechzehn, siebzehn Jahren habe es verstärkt familiäre Probleme gegeben. Die neue Freundin ihres Vaters habe, nach dessen Trennung von ihrer Stiefmutter, nicht damit gerechnet, dass sie mitkomme und erklärt, sie wolle sie nicht in ihrem Haus haben. Ihr Vater habe gesagt, sie sei ein Thetan und solle sehen, wo sie bleibe. Sie könne ja in der Organisation arbeiten und bekäme dafür ein Dach über dem Kopf. Das habe sie einige Wochen gemacht und nie genau gewusst, wo sie bleiben könne.

In dieser Phase sei man an sie herangetreten und habe gefragt, ob sie nicht Staffmitglied werden wolle. Anwerber von Flag*, Kopenhagen und St. Hill** hätten auch versucht, sie zu rekrutieren. Äußerungen, dass sie sehr qualifiziert, intelligent und kompetent sei, hätten ihr sehr gefallen. Sie habe sich schließlich für St. Hill und die Sea-Org*** entschieden und neben ihr hätte auch ihr Vater den Vertrag über „eine Billion Jahre" unterschrieben. Für ihren Vater sei das wichtig gewesen, weil er selbst an demselben Versuch früher gescheitert sei und nun die Hoffnung in seine Tochter gesetzt habe. Durch diesen Vertrag seien ihre Probleme „gelöst" worden, denn sie habe dadurch einen Platz zum Wohnen, Essen und Versorgung gehabt.

Von ihrer Arbeit in St. Hill berichtete die jugendliche Aussteigerin, dass sie von 8 bis 16 Uhr studiert, also die Kurse für die Sea-Org absolviert hätten. Anschließend seien sie gedrillt worden und dann habe es körperliche Arbeit gegeben. Man habe keine Pause machen dürfen und den ganzen Tag über habe es nur zwei halbe Stunden Essenspause gegeben. Man habe überall hin „joggen" müssen und keine Ruhe gehabt, weil man die optimale Produktion hätte erreichen müssen. Sie hätten so gut wie nie frei bekommen und auch die versprochene Entlohnung nur selten und nicht in der versprochenen Höhe erhalten. Auch die Schule hätten sie fast nie besucht. Das sei auch bei einer dreizehnjährigen Freundin, die zugleich ihre Vorgesetzte gewesen sei, der Fall gewesen. Sie hätten beim Bau einer Sauna mitgeholfen und dabei häufiger die ganze Nacht durchgearbeitet und mit wenig oder gar keinem Schlaf am nächsten Morgen ihre Kurse direkt weitergeführt. Sie sei sehr erschöpft gewesen, habe Rückenprobleme bekommen, und die Arbeit sei ihr sehr schwer gefallen. Sie habe immer zu wenig Schlaf gehabt. Auch als sie krank gewesen sei, habe sie arbeiten müssen, und auch auf Verletzungen durch die Arbeit sei keine Rücksicht genommen worden. Es sei ihnen keine ausreichende Schutzkleidung ausgehändigt worden, auch bei gefährlichen Arbeiten nicht, z. B. wenn sie mit Säure gearbeitet hätten. Man habe gesagt, ein Thetan könne alles.

Nach sechs Wochen habe sie nach Hause zurück gewollt, auch weil sie sich einsam gefühlt habe und alles so unpersönlich gewesen sei. Man habe sie daraufhin stundenlang all ihre Fehler aufschreiben lassen und sie da-

---

*   „Flag Land Base" – Scientology-Basis an Land, weil Hubbard die Organisation zeitweise von einem Schiff („Flaggschiff") aus leitete.
**   St Hill Manor (England), erste Weltzentrale der Scientology-Organisation (vgl. Sachtext S. 29)
*** Eliteabteilung der Scientology-Organisation (vgl. Sachtext S. 29 und M 10, S. 93)

mit unter Druck gesetzt, dass man gesagt habe, wenn sie jetzt gehe, sei sie ein Versager und eine Schande für ihre Familie. Als sie sich weiter gewehrt habe, sei sie angeschrien und öffentlich vor allen gedemütigt worden. Die Arbeit sei noch schwerer geworden und teilweise habe sie keine Essenspausen mehr bekommen. Als sie einen Fluchtversuch unternommen habe, sei sie von Security-Guards festgehalten und stundenlang in ein Zimmer gesperrt worden. Danach sei sie systematisch bewacht und kontrolliert worden.

Besonders problematisch seien Widerstandsversuche dadurch, dass man sich niemandem anvertrauen könne, weil sofort alles weitergeleitet würde. Zudem würden Telefongespräche abgehört und die Post kontrolliert. Sie selbst sei in dieses System auch involviert gewesen, habe andere überwacht, deren Post geöffnet und kontrolliert. Nur dadurch, dass sie sich eine zeitlang strategisch total angepasst habe, hätten die Kontrollen nachgelassen und ihr sei es gelungen, geschickt und glaubwürdig darzustellen, dass ihr Vater sehr schwer erkrankt sei. Dadurch habe sie drei Wochen Urlaub für Deutschland erhalten. Diese Möglichkeit habe sie genutzt, um Scientology zu verlassen, was ihr nur durch Unterstützung anderer gelungen sei. Ihr Vater habe sie nicht verstanden und gesagt, sie solle in Scientology nicht genauso versagen wie er selbst und wenn sie nicht zur Sea-Org zurückgehen würde, sei sie nicht mehr seine Tochter.

Obwohl sie sehr froh gewesen sei, aus St. Hill zu entkommen, sei sie anschließend in eine Krise geraten, weil sie ihre Freunde verloren habe, sowohl die aus Scientology als auch ihre früheren Freunde. Auch von einem großen Teil ihrer Verwandten sei sie fallen gelassen worden, weil sie ihr vorwerfen würden, sie sei am Leid ihres Vaters und auf Grund dessen gesundheitlicher Probleme auch an dessen drohendem Tod schuld. Insgesamt sei sie eher zurückgezogen und fühle sich für ihre Mitschüler und Gleichaltrigen zu alt, nicht wie achtzehn sondern eher wie vierzig. Positiv sei, dass sie wieder zur Schule gehen könne und langsam, wenn auch eher zu älteren, wieder freundschaftliche Beziehungen aufbauen würde.

Zwölf Empfehlungen zum Umgang mit Angehörigen und Freunden

1. Kritisieren Sie den Betreffenden nicht blindlings!
2. Versuchen sie zu verstehen, was der Betreffende sucht!
3. Fragen Sie, wenn Sie nicht verstehen!
4. Seien Sie immer ein offener und ehrlicher Gesprächspartner!
5. Der Betreffende ist genauso betroffen wie Sie!
6. Ihre Liebe kann entscheidend sein!
7. Gewähren Sie keine Kredite oder Schenkungen oder Erbschaftsvorbezug!
8. Seien Sie da, wenn Ihre Hilfe gebraucht wird!
9. Anerkennen Sie das Gute!
10. Ziehen Sie niemanden mit Gewalt heraus!
11. Brechen Sie die Verbindung nicht ab!
12. Stellen Sie kritische, aber nicht aggressive Fragen!

(nach: Tom Volz, Scientology, Freiburg i. Br. 1997, 266–269.)

Weitere und detailliertere Hinweise kann man z. B. auf folgenden Internetseiten finden:

Gerald Kluge
http://www.sekten-sachsen.de/ Stichwort: Ratschläge für Betroffene

Dieter Rohmann
http://www.aufklaerungsgruppe-krokodil.de/TraumGuru.html

aus: Lamprecht/Biewald, Religiöse Sondergemeinschaften, Psychogruppen, Sekten
© Evangelische Verlagsanstalt, 2005

WISE – World Institute of Scientology Enterprises, Dachorganisation aller mit Scientology verbundenen (Wirtschafts-) Unternehmen. Nach Eigenangeben gehören ca. 140000 Gesellschaften und Unternehmen in 75 Ländern zu WISE. Eine umfangreiche Liste von 2004 findet sich auf der Kritiker-Homepage www.anti-scientologie.ch/wise-members.htm

ABLE – Association for Better Living an Education. Unterhält soziale und Bildungsprogramme.

Applied Scholastics – Angewandte Pädagogik nach Hubbards Richtlinien.

ZIEL – Zentrum für individuelles und effektives Lernen. Kinder sollen die Studiertechnik Hubbards erlernen.

Citizens Commission on Human Rights/Kommission für Verstöße der Psychiatrie gegen Menschenrechte (KVPM) – Will Missbräuche in der Psychiatrie aufdecken, dient aber z. T. der Abwehr von Kritikern der Scientology-Organisation.

Narconon – Programm zur Rehabilitation Drogensüchtiger.

SEA ORG – eine noch von Hubbard selbst gegründete kleine Privatflotte, die zu Schiffsreisen einlädt und auf hoher See – vor allem unter Jugendlichen und Studenten – Mitglieder anwirbt.

Zu ABLE findet sich folgende Stellungnahme im Endbericht der Enquete-Kommission „Sogenannte Sekten und Psychogruppen" des Deutschen Bundestages vom 09. 06. 1998 (Drucksache 13/10950, S. 88–90):

Die Association for Better Living and Education (ABLE) ist im System der Scientology-Organisation die Abteilung, die sich mit Erziehung und Bildung befasst.
L. Ron Hubbard formuliert die Aufgabe folgendermaßen:

„… das gesamte Gebiet der Erziehung durch die Verbreitung der einzigen funktionierenden Studientechnologie zu rehabilitieren: Der Studiertechnologie von L. Ron Hubbard".

Das Buch „Kinderdianetik" kann als das formulierte Erziehungsideal für Eltern in der Scientology-Organisation gelten. Es bildet also die Grundlage scientologischer Kindererziehung.
Da der Gründer der Scientology-Organisation davon ausgeht, dass die Definition von „Kind" nichts anderes ist als ein Thetan in kleinem Körper, wird das gesamte Kursprogramm auch für Kinder als zwingend angesehen. Kindliche Phantasie wird im Buch „Kinderdianetik" als psychisch krank definiert. So findet L. Ron Hubbard es „nicht überraschend, dass Kinder Ähnlichkeit mit Psychotikern und Schizophrenen zu haben scheinen."
Um das so als krankhaft eingestufte kindliche Verhalten zu therapieren, wird auch mit Kindern die Technik des „Auditing" durchgeführt. Dabei sollen schmerzhafte und belastende Erfahrungen ausgemerzt werden, um den so genannten „reaktiven Verstand" zu beseitigen. Hubbard hält das Auditieren von Kindern für möglich, nachdem das Sprechen erlernt wurde. Er empfiehlt aber „schweres Prozessing" ab einem Alter von fünf Jahren. Mit der Rückführung in vorgeburtliche Ereignisse will Hubbard bis zum Alter von zwölf Jahren warten.

aus: Lamprecht/Biewald, Religiöse Sondergemeinschaften, Psychogruppen, Sekten
© Evangelische Verlagsanstalt, 2005

Im Rahmen der scientologischen Regeln existiert auch ein „Security Check" für Kinder, der mit der Frage beginnt „Was hat dir jemand verboten zu erzählen?" Dabei wird das Kind mit einem Fragenkatalog von über hundert Fragen konfrontiert. Die Vorgehensweise besitzt Verhörcharakter und zielt darauf ab, beim Kind Belastendes und Negatives hervorzulocken, an dem die Engramm-Löschung ansetzen kann. Kinder scheinen durch Auditing und interne Anweisungen bei Scientology bereits früh dem Versuch ausgesetzt zu sein, bei ihnen alles Belastende, Schwache und Emotionale auszumerzen, sie auf Stärke zu orientieren und an Unempfindsamkeit gegen Schmerz und Schwäche zu gewöhnen um damit empfindungslose „Übermenschen" zu erzeugen.

Einem Aussteigerbericht kann entnommen werden, dass Kinder dazu angehalten werden, sich jeden Tag ein Lernprogramm aufzuerlegen, über das sie eine Art statistisches Tagebuch zu führen haben, mit dem sie systematisch bewertet werden. Diese Praktiken können als frühe Einführung in Formen der Unterwerfung unter Fremdkontrolle verstanden werden.

Halten sich die Eltern an das vorgegebene Erziehungsideal, wachsen die Kinder im geschlossenen ideologischen System der Scientology-Organisation auf. Das Aufwachsen mit der Ideologie soll dadurch gewährleistet werden, dass die Kinder in organisationseigenen Kindergärten und Schulen betreut und unterrichtet werden.

Aus den vorliegenden Berichten und Anweisungen kann gefolgert werden, dass Kinder bereits früh ein den Erwachsenen ähnliches Tagesprogramm im Umfeld von Scientology zu absolvieren haben. Im Vordergrund der Aktivitäten von Eltern sollte immer der Nutzen für die Organisation stehen. Bezeichnend dafür ist eine interne Anweisung für die scientologische Elite-Einheit Sea-Organization (Sea-Org), in der Eltern dazu aufgefordert werden, selbst die zugestandene tägliche, einstündige Familienzeit für die „Produktion" aufzugeben. Damit werden nahe, verlässliche und kontinuierliche Eltern-Kind-Beziehungen zumindest erschwert und das Kind erfährt bereits früh – vermittelt über seine Eltern –, dass die Arbeit für Scientology die absolute Priorität besitzt. Dies kann bis zur Vernachlässigung der Kinder durch ihre Eltern führen, da die scientologischen Eltern in der Regel verinnerlicht haben, dass das oberste Ziel die Expansion der Scientology-Organisation ist und sie die Auffassung vertreten, ihre Kinder ebenfalls in diesem Sinne erziehen lassen zu müssen.

Die extremste Form für Kinder innerhalb der Organisation gilt für diejenigen, die in der Sea-Org aufwachsen. Da die Sea-Org innerhalb der Scientology-Organisation als Elite-Einheit gilt, wird von vielen scientologischen Eltern angestrebt, ihre Kinder im scientologischen Sinne Karriere machen zu lassen.

Ein dazu gehörender Aussteigerbericht ist in M 5-8 wiedergegeben.

aus: Lamprecht/Biewald, Religiöse Sondergemeinschaften, Psychogruppen, Sekten
© Evangelische Verlagsanstalt, 2005

Arbeitshilfen für Schule und Gemeindearbeit

Roland Biewald
Okkultismus Satanismus
Themenhefte Religion 1
DIN A4, 72 Seiten, Spiralbindung
ISBN 3-374-01785-1

Okkultismus und Satanismus sind trotz vieler Ähnlichkeiten nicht dasselbe. Sie sind Ausdruck jugendlicher Protestkultur und der Suche des Menschen nach Sinn und Vergewisserung in pseudoreligiösen Formen. Hinter ihren verlockenden Symbolen und Riten lauert die Gefahr seelischer und körperlicher Schädigung. In diesem Band werden beide Praktiken erläutert und wichtige Fragestellungen behandelt.

Die Praxishilfe für Schule und Erwachsenenbildung informiert und bietet Hilfen zum praktischen Umgang mit diesen Phänomenen. Die Unterrichtsmaterialien sind vorrangig für höhere Klassen und berufsbildende Schulen bestimmt, lassen sich aber vereinzelt schon ab der 8. Klasse einsetzen.

EVANGELISCHE VERLAGSANSTALT
Leipzig

Arbeitshilfen für Schule und Gemeindearbeit

Roland Biewald/Jana Paßler

Die Weltreligionen

Christentum, Judentum, Islam,

Buddhismus

Themenhefte Religion 4

DIN A4, 120 Seiten, Spiralbindung

ISBN 3-374-02005-4

In bewährter und praktisch orientierter Weise werden die vier großen Weltreligionen exemplarisch dargestellt: zum einen die drei „abrahamitischen" Religionen Judentum, Christentum und Islam, zum anderen der Buddhismus als Beispiel einer fernöstlichen Religion.

Dabei werden grundlegende Sachkenntnisse vermittelt, um Dialogfähigkeit auszubilden und zu einem verständnisvollen Miteinander von Religionen und Kulturen zu befähigen.

EVANGELISCHE VERLAGSANSTALT
Leipzig